TESOROS *de* ESPAÑA

3

TESOROS *de* ESPAÑA

3

ROMÁNICO

ISIDRO G. BANGO TORVISO

ESPASA

Edita: Espasa Calpe, S. A.
Director General: Jorge Hernández Aliques
Director Editorial: Juan Ignacio Alonso Campos
Director de Producción: Antonio Merodio Cogolludo
Directora de Grandes Obras: Victoria Esteban-Infantes
Coordinador de Producción: Arturo Rodríguez Paredes
Proyecto: Departamento de Empresas e Instituciones
Diseño de cubierta: Álvaro Reyero

Realización Editorial: Trama Equipo Editorial
Dirección: Francisco Vega Oncins y José A. Vázquez Moreiras
Coordinación: Núria Ochoa Gómez
Maquetación: Albert Pujol Gámiz
Ilustración: Aisa, Archivo Gráfico Espasa, Index,
Isidro Bango y Prisma

ISBN: 84-239-6671-2 (Obra completa)
84-239-6674-7 (Volumen III)
Depósito legal: M. 7885-2000

Impresión: Mateu Cromo Artes Gráficas, S. A.

Impreso en España – Printed in Spain

Índice General

Hombres, edificios e imágenes

El establecimiento de un poder hegemónico fuerte en la Hispania romana gobernada por los reyes godos de Toledo dio lugar a lo que alguna historiadora reciente ha denominado "la primera nación europea después de la desaparición del Imperio Romano de Occidente".

La tardía Antigüedad en avanzado estado de desintegración se detuvo en el territorio peninsular y produjo, en comparación con el resto del territorio europeo, un remanso cultural en el que perviven recursos artísticos antiguos. Esta cultura hispana "subantigua" terminará enquistándose en sí misma y aislándose del devenir artístico europeo. Cuando, a partir de la segunda mitad del siglo VIII, la Europa cristiana occidental sienta el resurgir de la restauración carolingia, los núcleos de resistencia cristiana de España seguirán apegados a la cultura tradicional que se había forjado durante la monarquía goda. Todavía pasarán dos siglos más para que los hispanos se integren en los movimientos culturales europeos. Será con el románico cuando los reinos peninsulares empiecen a emplear las mismas formas plásticas

Santa María del Rivero (San Esteban de Gormaz, Soria). Detalle de la galería.

Detalle de la decoración pictórica de San Pedro de Sorpe (Museo de Arte de Cataluña).

Santa María de Iguácel (Huesca).

que los europeos coetáneos. El proceso de integración no fue homogéneo y sincrónico en la totalidad de la geografía peninsular. Desde finales del siglo X, los condados de la Marca Hispánica empiezan a construir edificios que se parecen funcionalmente a los poscarolingios de la misma época.

Ya a principios de la undécima centuria, las construcciones no sólo presentan aspectos funcionales similares, sino que el léxico formal que define los espacios responde a lo que llamamos el "primer románico". Muy pronto, casi simultáneamente, el estilo se extiende por las tierras limítrofes de Aragón. Sin embargo, el resto de los reinos peninsulares no conocerá, salvo raras y problemáticas construcciones, soluciones arquitectónicas románicas hasta el último tercio del siglo XI. La palabra "románico" sirve para calificar las creaciones de un supuesto estilo artístico que se desarrolla desde finales del siglo X hasta los primeros años del XIII. Cuando en el siglo XIX el arqueólogo normando Gerville utilizaba el término "románico" lo hacía para definir toda la arquitectura construida entre la caída del Imperio Romano y el comienzo del gótico. Al despuntar el siglo XX la historiografía artística restringía la cronología hasta situar su comienzo poco antes del milenio, a la vez que empezaba a hablar de manera imprecisa de dos románicos que, simplemente, se limitaba a ordenar numéricamente.

El historiador catalán Puig i Cadafalch será el creador y definidor de lo que se conoce por "primer románico", terminología que consiguió ser aceptada por la generalidad de los especialistas. Como la cronología había sido fijada en sus justos términos, se podía deducir que aquellas creaciones que no correspondían al primer románico eran del segundo románico o, sencillamente, románicas, sin ningún tipo de matices o calificaciones.

Pronto los investigadores se dieron cuenta de que el segundo románico englobaba formas con matices acusadamente diferenciados. Era necesario dividir este período; sin embargo, la solución no era tan fácil como el hallazgo de la nomenclatura de primer románico. Como se detectaban interferencias importantes con algunas soluciones del estilo que sucedería en el tiempo, las del primer gótico o protogótico, empezó a emplearse la idea y el término de un arte de transición. Sin embargo, el nombre no era correcto porque se tendía

Nuestra Señora de la Llana de Cerezo de Riotirón (Burgos). Portada.

a simplificar su significado diciendo que se trataba de un momento evolutivo del románico hacia el gótico. Es cierto; en estricto sentido, no se puede admitir que la teoría del gótico surge por la evolución del estilo románico. De una manera excesivamente simplificadora los especialistas solemos resolver la denominación de las obras de arte de esta etapa utilizando una doble terminología: tardorrománico y protogótico. Se emplea uno u otro nombre en función de las formas que creemos que definen mejor el conjunto, enfatizando lo románico o lo gótico. De este breve *excursus* podemos deducir que la expresión románica no se refiere a un concepto unitario; es más, como vamos a ver a continuación, existen tres románicos –primer románico, románico pleno y tardorrománico–, y éstos tan dispares que, al menos, el primero comparado con los otros dos resulta en muchos aspectos radicalmente distinto.

La cronología del primer románico comprende desde finales del siglo X hasta el fin del segundo tercio de la undécima centuria. Tal como lo ha definido muy bien Puig, se trata de una "escuela arquitectónica que ocupaba parcialmente la Europa latina y germánica". Surgirá en tierras de Italia y Borgoña y se expanderá rápidamente por Cataluña y Aragón, hasta alcanzar, hacia el norte, la Normandía, y penetrando en ciertos detalles de la arquitectura renana de los otones. No existe una pintura o una miniatura del primer románico; este tipo de creaciones sigue anclado en la manera de hacer poscarolingia. Se puede decir que tampoco se produce una escultura monumental; aunque hay varios casos problemáticos cuyo estilo y cronología son discutidos, los de este tipo referidos al ámbito de los condados catalanes los veremos en su apartado geográfico correspondiente.

Durante el último tercio del siglo XI, un grupo de edificios que se construyen en Francia y España aparecen caracterizados por unas formas que responden a un nuevo concepto de arquitectura. Se puede decir que, tras una serie de experiencias, ha cristalizado el estilo románico. Se suele denominar "románico pleno". Ahora sí será un estilo que se generalizará a la totalidad de las artes y a la totalidad de la geografía de la Europa cristiana del momento, de Lisboa a Tierra Santa, del sur de Italia a Escandinavia. ¿Cómo se produce una tan compacta unidad y homogeneización de las formas en un mapa perfectamente consolidado con fronteras que definen los territorios, no ya de grandes estados, sino todo un mosaico de minúsculos señoríos feudales? Aunque sería necesaria una respuesta compleja a esta pregunta, sí se pueden indicar tres factores que fueron determinantes: la difusión y colonización de determinados movimientos monásticos, la unidad de los cultos cristianos bajo la generalizada adopción de la liturgia romana y los caminos como constantes vías de comunicación.

San Miguel de Almazán (Soria). Interior del cimborrio.

Catedral de Lérida. Detalle del interior del ábside central.

El fin del románico pleno varía según la geografía; en territorio hispano debe situarse por la década de los años sesenta. Empieza entonces a producirse la introducción de elementos modificadores del estilo. Los cambios en el arte figurativo responden a una compleja combinación de la pervivencia de las formas inerciales y ya arcaizantes del románico pleno, la inspiración directa en obras de la Antigüedad y en el influjo de unos valores estéticos bizantinos emanados de las creaciones de los Connenos. Se crean así, en las obras de calidad, unas formas de delicada hermosura, caracterizadas por un cierto naturalismo idealizado al que no son ajenas las primeras manifestaciones del gótico. A esta nueva fase la conocemos como "tardorrománico"; su límite final será el triunfo definitivo del gótico en el primer cuarto del siglo XIII.

El románico español no afectó a la totalidad de la Península por encontrarse gran parte de su territorio bajo el dominio hispanomusulmán. El estilo se difundió por los reinos cristianos en aquellas zonas consolidadas, las recién conquistadas, en un principio, mantenían los grandes edificios públicos existentes, luego lentamente se iba procediendo a una total renovación de la arquitectura monumental. Sobre la lentitud de esta adecuación a los estilos cristianos en los territorios recién conquistados la ciudad de Toledo nos permite hacernos una buena idea. Conquistada la ciudad por Alfonso VI en 1085, hasta prácticamente un siglo después no se inician las obras de grandes edificios de culto cristiano. Dejando a un lado las experiencias, también tardías, de construcciones que reproducían en ladrillo soluciones románicas, será ya en el siglo XIII, en pleno gótico, cuando se levante la gran catedral. Pero si este es un ejemplo que nos ilustra sobre la realidad castellano-leonesa, lo mismo podríamos decir de la Corona aragonesa. La conquista de Lérida se produce en 1149, y hasta principios del siglo XIII no dan comienzo las obras de la catedral. Un mapa de la geografía románica de la Península delata claramente un vasto territorio ocupado sólo por un estilo románico de inercia que corresponde con la geografía conquistada por los cristianos y en curso de consolidación durante los siglos XII y XIII.

Durante el primer siglo del románico, la difusión del estilo se puede considerar como el triunfo progresivo de unos ideales de modernización o europeización frente a una cultura importante en su origen, pero que, encerrada en sí misma, se había quedado estereotipada y obsoleta. Una renovación de este tipo sólo se puede emprender desde la cúpula del poder; los reyes o los condes soberanos serán los protagonistas iniciales que, frente a una dura oposición interna que defendía los ideales de sus raíces culturales o sus propios intereses, promovieron no cambios ni modificaciones, sino la sustitución de todo el orden religioso tradicional por unos usos y formas que resultaban, al menos, raros, si no exóticos y foráneos.

LOS HOMBRES

Los hombres que hacen posible el estilo románico presentan, frente a los del arte moderno, un protagonismo muy diferente. Cuando en la actualidad analizamos una creación artística, queremos ver en ella la personalidad del autor que la ha materializado. El pintor, el escultor o el arquitecto muestran en su obra su personal interpretación de la misma, aunque, en algunas ocasiones, exista una cierta mediatización del cliente que ha realizado el encargo.

En el mundo del románico el promotor condiciona hasta tal punto la obra que sufraga, que no deja ni el más mínimo detalle a la libre voluntad del artista. Actitudes de los personajes, formas de sus atavíos e incluso los más insignificantes detalles cromáticos son estipulados al escultor o al pintor. ¿Qué le queda por hacer al artista? Pondrá lo mejor de su oficio para que lo realizado adquiera formas correctas. Nunca un artífice románico será protagonista de los mensajes que podamos interpretar en sus obras, estamos muy lejos del artista comprometido del último siglo.

La pobreza informativa de la documentación conservada de los siglos XI y XII hace que sea muy difícil poder entrar en detalles sobre la relación de promotores y artesanos; sin embargo, existen algunos indicios que nos permiten conjeturar algunas hipótesis fiables sobre el tema. La célebre arca de marfil que contiene las reliquias de san Millán de la Cogolla, obra del siglo XI, puede considerarse como el más paradigmático de los ejemplos conservados sobre la relación de los hombres y la creación artística. Aquí, a la vez que se reproduce un amplio ciclo iconográfico sobre el protagonista fundamental de la obra, el bienaventurado Millán (Emiliano), figuran todas las personas que han hecho posible que sea realidad el arca.

Se representa en esta arca al abad Blas, junto a él un rótulo nos informa de su cargo y de su papel en la realización de la obra, es el promotor ("Blasius abba hujus operis *effector*"). Blasio, como máxima autoridad del centro donde se encuentran las reliquias, decide realizar una suntuosa obra que las contenga y magnifique; para ello debe conseguir la financiación económica. Acude a reyes y notables del territorio para obtener los medios. Una lectura de la documentación nos permitiría conocer las reiteradas donaciones para este empeño, pero no hace falta: las imágenes de los principales contribuyentes figuran inmortalizados en la misma obra. Primero los monarcas, Sancho el de Peñalén y su esposa, Placencia, junto a la figura del monarca un letrero no deja lugar a la duda, "Sanctius rex *suppetiens*", "el rey Sancho que ayuda [a la financiación]". Por la información documental del monasterio sabemos que las donaciones de otros personajes aquí representados ("Apparitio scholastico, Ranimirus rex, Gundisalvus comes, Sanctia comitisa") son numerosas. Hay una figura femenina que debió de ocupar un lugar muy destacado en la financiación, pues el letrero que la identifica es mucho más explícito: la noble Aralla que aporta su ayuda ("Aralla nobilis femina juvamen afferens").

Existe un personaje muy importante, representado de manera idéntica al propio abad Blas, cuyo letrero denomina Munio "escritor

Diurnal de Fernando I (Santiago de Compostela, Biblioteca Universitaria).

muy elegante" ("Munius scriba politor"). ¿Cuál es su papel? Se trata del responsable del escritorio del monasterio, encargado de realizar el programa iconográfico, señalando las fuentes literarias, imágenes miniadas que sirvan de referencia o modelo y los más mínimos detalles de las composiciones. Sería también el autor de los letreros que identifican las diferentes escenas, generalmente citas directas de las obras literarias que sirvieron de inspiración.

El último grupo de personajes que se inmortaliza en el arca es el de los que han hecho posible con su oficio la plasmación material, los artistas. Vemos aquí a Engelran con sus instrumentos de trabajo, y en plena actividad. También fueron representados Rodolfo, hijo del maestro, y Simeón, su discípulo. Los orfebres sólo se preocupan

Detalle del arca de San Millán (monasterio de San Millán de la Cogolla, La Rioja).

de realizar con su mejor manera de hacer los temas que se le encargan; en muchas ocasiones no son conscientes del verdadero significado de sus imágenes. Resulta curioso que también se llegará a reproducir al comerciante que ha proporcionado el marfil para la obra, Vigila.

Para resumir el significado de estas imágenes, vemos que en la realización de una obra románica importante tienen especial protagonismo: el promotor, el mecenas que sufraga los gastos, el mentor intelectual –en algún caso se le podría denominar iconográfo– y el artesano que la ejecuta.

Promotores y mecenas

La implantación del románico supuso lo que llamaríamos, en lenguaje actual, europeísmo y "modernidad" frente a valores nacionalistas y tradicionales. Corriendo un pequeño riesgo de relativismo histórico, me atrevería a simplificarlo en la constante sociológica resumida en el binomio "progreso-conservadurismo".

Si tenemos en cuenta que los cambios afectarían a la arquitectura monumental y a las artes mobiliares, éstos sólo incumbirían en un principio a la clase poderosa. Obispos, comunidades monásticas y gran parte de la nobleza defendieron la supervivencia de las viejas órdenes del monacato y de la liturgia de origen hispano. Sólo los

Santa María de Ripoll (Gerona). Aspecto de la cabecera.

monarcas y una minoría de la aristocracia emprendieron la sustitución de estas manifestaciones sagradas tan tradicionales, favoreciendo la adopción de la regla benedictina, especialmente bajo la fórmula del reformismo cluniacense, las comunidades de canónigos de san Agustín, y la liturgia romana. Con la implantación de los nuevos usos eclesiásticos fue necesario una total renovación de los edificios y objetos de culto y devoción –códices, pinturas, orfebrería, etc.–, y se produjo un claro enfrentamiento espiritual y artístico frente a aquellas comunidades que permanecían recalcitrantemente fieles con la tradición en la que se habían formado.

Desde mediados de la décima centuria los condes catalanes, involucrados directamente en el gobierno de los principales monasterios por tener familiares como abades y por su apoyo económico, propiciaron una estrecha relación con el mundo borgoñón e italiano. Esta circunstancia llevó consigo la rápida introducción de las experiencias monásticas y religiosas en general que se difundían por la Europa poscarolingia.

Son varios los miembros de estas familias condales que propiciaron la renovación cultural de los territorios de la Marca, pero entre ellos ocupa un lugar de honor Oliba Cabreta. El conde Oliba (970-1046) era hijo de Oliba Cabreta, miembro de una de las familias nobiliarias que forjaron la Cataluña del milenio. Su vocación religiosa se le declara a

San Vicente de Cardona (Barcelona). Aspecto exterior del templo desde el sureste.

los treinta años, cuando profesó en el monasterio de Santa María de Ripoll; aquí será nombrado abad en 1008 y, a la vez, lo será también de San Miguel de Cuixá. Diez años después se le designará obispo de Vich. Su labor episcopal se centra en la defensa del patrimonio eclesial –es conocida la severidad de sus decretos contra los que invadían los territorios de la Iglesia–, mientras que, como abad, su máxima preocupación radica en la corrección de las malas costumbres en los claustros y en la preparación de los dirigentes religiosos. Oliba fundamenta su aproximación al mundo europeo del imperio otónida a través de Roma y del monacato franco. Sus viajes a Roma, al menos dos (1011 y 1016), le sirvieron para aumentar la presencia de aspectos litúrgicos romanos en la Iglesia catalana, que ya se habían empezado a introducir durante la segunda mitad de la centuria anterior. Los usos monacales del benedictismo reformado, que ya se habían hecho sentir en Cuixá por influjo de Cluny, se reafirman ahora en los contactos que Oliba mantiene con los monjes franceses, tal como se aprecia en su correspondencia con Gauzlin, abad de Fleury, y con los abades del Puy, Narbona, Agde, Albi, Aupt, Beziers, etc. Pero, entre los monasterios galos, el que más influyó en la obra de Oliba fue, sin duda, Cluny, del que adoptó muchas de sus normas monásticas.

La actividad de Oliba abarca desde 1008 hasta 1046; corresponde a un período de viejos templos: en alguna ocasión, replanteados totalmente de nuevo, como Cardona; en otras, simple ampliación o adecuación a nuevas necesidades espaciales, como Montserrat o Montbuy. A su directa y personal intervención se deben obras como Ripoll, Cuixá, Vich y, quizá, San Martín de Canigó; pero en esta época de su protagonismo histórico también se realizan otros edificios que responden a los mismos principios que los citados, y en los que Oliba, en su calidad de abad rivipullense y obispo vicense, está presente en

Santa María de Ripoll (Gerona). Fachada occidental.

sus consagraciones, o interviene en algún acto relacionado con su construcción; son edificios de tanta trascendencia artística como San Pedro de Roda, San Vicente de Cardona, la catedral de Gerona, etc. La mayoría de estos edificios están en construcción entre 1030 y 1040, justamente el decenio que señaló Puig i Cadafalch como "edad de oro" de la arquitectura catalana.

En el reino castellano-leonés tardó en surgir la arquitectura del románico; sin embargo, tendrá en Fernando I (1037-1065), hijo de Sancho el Mayor de Navarra, y su familia, unos importantes impulsores y protectores de los artistas que precipitan la renovación de la plástica castellano-leonesa del siglo XI. Primero serán Fernando y su esposa, Sancha, los que encargarán obras de gran calidad que acusan las formas de un arte que ha empezado la ruptura con la tradición hispánica, y se adapta a las formas que triunfan en la Europa poscarolingia. El "Diurnal" de estos monarcas, conservado en la Biblioteca Universitaria de Santiago de Compostela, tiene un retrato de la pareja regia con la figura del iluminador en el centro, que habla por sí solo de la modernidad de la composición con respecto a la más inmediata tradición. Puede considerarse que se trata de la ilustración monumental del espíritu renovador de los reyes. Si su composición responde a los prototipos carolingios, sus formas han sido realizadas siguiendo igual modelo pero por un pintor formado en la plástica hispana. Podríamos incluir una importante relación de bellos objetos de orfebrería que señalan igual ruptura con la tradición: todos ellos corresponden a ofrendas del matrimonio. Sus autores o eran indiscutiblemente extranjeros o habían asimilado ya, como Fructuoso, la forma de hacer foránea. De esta manera se puede decir que bajo su patrocinio se favoreció la llegada de artistas extranjeros que introducían las novedades de su arte y técnica, a la vez que fomentaban una renovación de las formas al encargar sus obras a aquellos creadores locales que se adaptaban a las nuevas tendencias estilísticas.

Si observamos las circunstancias personales que mueven a Fernando I a realizar sus importantes ofrendas de objetos maravillosos, al igual que las gruesas sumas que invierte en la realización de grandes construcciones, siempre encontramos la misma respuesta: la piedad del monarca. Lógicamente, si tenemos en cuenta que la mayoría absoluta del arte conservado es religioso, se podría pensar que esta nota de piedad conviene al fin al que se destina. Sin embargo, no debe olvidarse que durante la Alta Edad Media los edificios más monumentales eran los religiosos y con los objetos sucedía lo mismo. Aunque es un texto algo tardío, por lo que conocemos parece que sirve para el período románico. Don Juan Manuel nos pone en la pista de por qué los poderosos invierten en las grandes construcciones religiosas:

"Tesoro quier decir haber que tienen los señores guardados en haber monedado et en oro et en plata: esto es demás de las rendas que ha para dar et para emprender. Et estos tesoros deben guardar siempre los señores que los ayunten de haber bien ganado et sin pecado; ca siquiera defendido es, segund dicen en la Pasion, cuando dijeron los judíos por los treinta dineros de oro que Judas Escariote vendiera a Jesucristo, cuando los tornó á los judíos, dijeron ellos que

Santiago de Villar de Donas (Lugo). Fachada occidental.

no convenía de los poner en el tesoro, porque era precio de sangre, et compraron dellos un campo de un ollero para cementerio de romeros et de homes estrannos. Et así los dineros han de caloñas o de algunos fechos de fuerzas ó de alguna manera que non sean derechamente ganados, no deben de los facer tesoro; más débenlos poner en facer eglesias et monasterios."

Como nos dice el maestro Huizinga, el hombre del medievo es un gran pecador que, pese a sus desmanes, se quiere granjear la vida eterna teniendo a las comunidades de monjes rezando por su alma, y, para esto, cuanto más estrictas en el cumplimiento de una regla dura y de difícil observancia, mejor. Para comprar sus rezos las sumas de los nobles son cuantiosas, se financian las grandes fábricas de sus iglesias y las dependencias claustrales. Los objetos de oro y plata constituyen el más fabuloso tesoro que el hombre pueda soñar. Cuando Fernando I concede la extraordinaria cantidad de mil piezas de oro para el monasterio de Cluny, su ofrenda se realiza "para remedio de sus pecados". El afecto de Fernando por los cluniacenses lo heredará su hijo Alfonso VI, quien, con la concesión en 1077 de dos mil dinares de oro, financiará las primeras obras del gran santuario que se convertirá en Cluny III.

Durante todo el románico esta piedad, mejor o peor entendida, será la que mueva a los poderosos a financiar las grandes obras del estilo. Los epígrafes monumentales nos recordarán su "generosidad"; sirven a la vez para que se perpetúen en recuerdo eterno y para que se produzca la "pía" competencia de quien no ha realizado su óbolo

Catedral de Santiago de Compostela. La girola en el piso de la tribuna.

Capitel del monasterio de Sant Cugat del Vallés (Barcelona) y, debajo, capitel coloreado de la iglesia de San Payo (Orense).

correspondiente. Para ello sirve todo, desde la modesta cama del que muere sin otra cosa que su lecho de muerte, hasta las sumas más considerables de oro que un poderoso quiera legar. En este sentido resulta ingenua, aunque aleccionadora sobre lo que estas donaciones significaban, aquello que los canónigos de San Pedro de Soria escribieron en una lauda del claustro, cuya traducción dice así: "Murió Raimundo en el día de la bienaventurada Cecilia. El cual nos dejó cierto puesto en el mercado de carne en beneficio de sus aniversarios. Año 1205".

Hablando de los hombres que bajo su patrocinio se ha desarrollado el románico hispano no podemos olvidar a Diego Gelmírez, el prelado de Compostela durante casi medio siglo. Heredó una catedral que se había comenzado rompiendo con la tradición e introducía por primera vez en el Occidente peninsular las formas del románico pleno, procediendo a la culminación del proyecto catedralicio con toda renovación cultural del núcleo compostelano. En estas palabras de uno de sus colaboradores y biógrafo podemos percibir alguno de los importantes cambios que llevó a cabo:

"Trayendo por sus honorarios a un Maestro de elocuencia y de lógica, nos puso bajo su férula para que dejásemos los rudimentos de la infancia... cuando él subió [Gelmírez] a la dignidad del episcopado, no sólo faltaba casa decente y conveniente para un Prelado; sino que ni aún clérigos que no fuesen rudos y sin sujeción alguna a la disciplina eclesiástica pudo encontrar en ella... Fijó el número de canónigos, que debía ser de 72, los cuales no debían entrar en el coro del glorioso Santiago, sino revestidos de sobrepellices y con capas corales; cuando antes los había que andaban con la barba sin rasurar, con capas descosidas y variegadas, con espuelas en el calzado y otras cosas parecidas a estilo de soldados." (Textos de la *Historia Compostelana,* traducidos por Filgueira Valverde.)

Había viajado por Europa, siempre estaba preocupándose de que en su catedral hubiese de todo aquello que brillaba por su belleza y valor. Filgueira Valverde ha hablado de la pasión del arzobispo compostelano por el oro. Una vez más la *Compostelana* nos llama la atención de objetos de culto que son auténticas y preciadas joyas artísticas: un cáliz de oro, un aguamanil de cristal tallado y, sobre todo, el magnífico conjunto del altar del Apóstol. Conocemos descripciones muy exactas del frontal de oro y plata que tenía en su centro "el trono del Señor en el que están los veinticuatro ancianos en el mismo orden en que san Juan, hermano de Santiago, los vio en su Apocalipsis", y también "el ciborio que cubre este venerado altar está admirablemente decorado por dentro y por fuera con pinturas y dibujos y con diversas imágenes".

Su actividad constructora llevó a sus biógrafos a denominarle obispo y sabio arquitecto ("Ipse quoque Episcopus, utpote sapiens Architectus"). Se puede hacer una enumeración sumaria de las construcciones emprendidas bajo su patrocinio llegando casi a sesenta: terminación y consagración de la catedral, palacio episcopal, unas dependencias canónicas –hablando de lo que tienen los templos ultrapirenaicos, Gelmírez se había expresado así sobre la canónica compostelana: "Ni siquiera tiene su claustro, ni una buena oficina"–, hospital, acueducto, nueve iglesias en Santiago, veinte fuera de la ciudad, obras en los tres monasterios que había comprado, cinco residencias y cinco castillos.

Los artistas

El conocimiento de los hombres que obran las creaciones del románico resulta muy problemático: las fuentes sólo nos trasmiten un número muy reducido de noticias y, en la mayoría de las ocasiones, de muy difícil interpretación. Muchas veces un nombre propio seguido de cualquier tiempo del verbo latino *facere* (hacer), ha sido interpretado como referencia al autor material cuando en realidad puede tratarse del promotor de la obra.

Se ha dicho que el artista románico suele permanecer en el anonimato por considerar que no debe figurar su nombre en obras destinadas a ensalzar la gloria de Dios. La simple lectura de la lista que ofrezco a continuación, en absoluto exhaustiva, desvanece toda credibilidad que se pudiese dar a esta afirmación:

— De la construcción de la catedral compostelana se encargaron en las primeras etapas los maestros Bernardo el Viejo y Roberto.

Claustro de la catedral de Gerona. Detalle de un capitel.

— El maestro don Miguel construyó la iglesia de San Frutos de Duratón (Segovia), en 1100.
— El maestro Cipriano es el autor de la iglesia de Andaluz (Soria), en 1114.
— En 1129 se contrata al maestro Raimundo de Monforte para edificar la catedral de Lugo.
— Un maestro denominado Juan es el constructor de la iglesia lucense de San Pelagio de Seixon, en 1140.
— En San Isidoro de León un epígrafe funerario recuerda a Pedro Deustamben que había construido las bóvedas del templo.
— Jimeno hizo y esculpió el pórtico de Nogal de Huertas en Palencia, en el tercio final del siglo XII.
— Tres constructores, Benito, Miguel y Martín, hicieron el templo de San Millán (Burgos), en 1165.
— En 1168, Fernando II concede una renta al maestro Mateo para que trabaje en la catedral de Santiago de Compostela.
— El portal de Soto de Bureba (Burgos) fue construido por Pedro de Ega y Juan Miguélez, en 1175.
— Desde 1175 trabaja en la catedral de Seo de Urgel un maestro extranjero llamado Raimundo Lambardo.

— En 1186, un maestro procedente de Piasca edificó el portal de Rebolledo de la Torre (Burgos).
— En la década de los noventa del siglo XII, se encarga del proyecto de la catedral ilerdense el maestro Pedro de Coma.
— A partir de 1199 se conoce el nombre de Garsión como responsable de la construcción de la catedral de Santo Domingo de la Calzada.
— Un maestro denominado don Gualterio figura en 1218 como el responsable de la obra de Santa María de Valdediós.

En esta lista de constructores de edificios encontramos referidos diversos nombres de canteros o escultores que se encargaron de levantar grandes catedrales o modestos edificios parroquiales. Sin embargo existe cierta ambigüedad en la explicitación de su especialidad concreta. Se les suele denominar *magister* (maestro), pero no sabemos si proyectaban y dirigían la obra, trabajaban como simples canteros o eran escultores de piezas figuradas.

En algún caso el epígrafe nos informa sobre la actividad realizada por el maestro. En la iglesia palentina de San Salvador de Nogal de las Huertas el maestro Jimeno se siente orgulloso de su obra y nos explica que él no sólo construyó el pórtico como obra arquitectónica sino que también fue el autor de las esculturas. En otros casos la verdadera actividad de los artistas de la obra no aparece tan claramente definida. Pedro de Coma, maestro de la catedral de Lérida desde 1190 hasta el segundo decenio del siglo XIII, aproximadamente, no debió de participar en la realización de la escultura monumental, pues en ese período se aprecia la presencia de varios talleres de escultura diferentes, mientras que las principales líneas arquitectónicas parecen permanecer constantes en esa misma cronología. Es muy difícil poder afirmar rotundamente lo mismo en el caso del conocido maestro Mateo, pero hay muchos indicios que así parecen indicarlo. A lo largo de más de treinta años que Mateo figura al frente de las obras

Catedral de Santiago de Compostela. Dinteles del Pórtico de la Gloria.

compostelanas, las esculturas conservadas responden no ya a la lógica evolución estilística, sino que la continuidad de la producción escultórica presenta verdaderas rupturas, que indican manos de factura diferente. Lo más lógico sería considerar a Mateo como el director de la obra catedralicia que va dirigiendo sucesivos talleres de escultores a los que sus trazas debe dar cierta coherencia.

Dentro de la precariedad informativa que existe sobre estos constructores, se ha intentado rastrear en su posible origen o procedencia para poder justificar su arte. Así se dice que Roberto y Bernardo, directores de las primeras obras compostelanas, tenían nombres foráneos porque tenían que ser necesariamente extranjeros los primeros artistas que introdujeran unas formas ajenas a nuestra propia tradición. Por el contrario, al referirse al constructor de la catedral lucense, el maestro Raimundo, se nos dice que era oriundo de Monforte, lo que nos puede sugerir que ya entonces el estilo había sido asimilado por artistas locales. El portal de la iglesia burgalesa de Rebolledo de la Torre fue edificado por un cantero que procedía de Piasca (Cantabria) en 1186, donde ya podemos rastrear su forma de trabajar quince años antes.

En algunas ocasiones este tipo de referencia geográfica ha sido excesivamente forzado. No creo admisible que se pueda considerar al maestro Pedro de Coma, encargado del proyecto de la nueva sede catedralicia de Lérida, como un italiano procedente de la zona de Como –se ha sugerido esta hipótesis en varias ocasiones–, cuando en realidad existe en la inmediatez geográfica leridana el topónimo Coma.

Iglesia de Moradillo de Sedano (Burgos). Detalle de la portada meridional.

¿Cómo es la relación contractual entre el promotor y el constructor? Esta síntesis que Llaguno, siguiendo al historiador lucense Pallares Gayoso, recoge en los términos siguientes nos permite hacernos una idea del más antiguo contrato de un maestro de obras románico en España:

"Había entonces en Galicia un arquitecto, llamado maestro Raymundo, natural de Monforte de Lemos; y el obispo D. Pedro Peregrino, el deán, los canónigos y cuatro ciudadanos nobles hicieron asiento con él para ejecutar la obra año 1129. Estipularon darle anualmente el salario de doscientos sueldos de la moneda que entonces corría, y si hubiese mudanza en ella seis marcos de plata, treinta y seis varas de lienzo, diez y siete carros de leña, zapatos y borceguíes los que necesitase ó hubiese menester, y cada mes dos sueldos para carne, un cuartel de sal y una libra de cera. Aceptó el maestro Raymundo estas condiciones, y por su parte se obligó a asistir a la obra todos los dias de su vida, y que si muriese antes de la conclusión la acabaría un hijo suyo."

De estos breves datos podemos obtener algunas enseñanzas que pueden ser constatadas con noticias documentales de finales de la Edad Media. El cabildo se compromete no sólo a pagarle un estipendio anual en moneda, incluso se cuida que el valor de la misma mantuviese lo que llamaríamos hoy su valor adquisitivo, sino que corría con su manutención, vestido y leña para su cocina y abrigo. Aunque sean referencias muy tardías, sabemos que en las catedrales existía una casa que se destinaba a vivienda del maestro. A veces, cuando éste moría prematuramente, se producían problemas para mantener o desalojar a la viuda a la llegada de un nuevo responsable de la dirección de las obras.

Catedral de Santiago de Compostela. Supuesta figura de Mateo en el Pórtico de la Gloria.

Debemos entender que estos constructores se integraban en el círculo doméstico del promotor, quien se cuidaba, como de cualquier otro menestral de su "domesticidad", de su total mantenimiento. En las catedrales, las obras más importantes de la época, esta "domesticidad" se entendía integrada en la comunidad canónica; es decir, los sustentos del maestro se satisfacían del mismo fondo y manera que los gastos de los diferentes canónigos. En algún caso el maestro de las obras aparecía totalmente integrado en la vida canónica, tal como podemos deducir del compromiso contraído entre el citado Pedro de Coma y el obispo de Lérida, cuando el primero, después de entregarse en cuerpo y alma al servicio de la construcción de la catedral, recibe del segundo "un puesto en la comunidad canónica y que se le provea para su vestido y sustento una determinada cantidad como a un canónigo más". En el año 1175, un maestro llamado Raymundo Lambardo, posiblemente italiano, se comprometía con el obispo y el clero de Seo de Urgel a ocuparse del abovedamiento de la catedral a cambio de recibir el sustento de por vida.

La larga duración del proceso constructivo exigía del director de la obra la fijación a la misma durante muchos años. Como vemos en el caso de Lugo y de Seo de Urgel parece que la dedicación es de por vida. El célebre maestro Mateo recibía una pensión anual de Fernando II en 1168 para que se ocupase de la dirección de las obras de la catedral compostelana. Veinte años después los dinteles del gran pórtico occidental confirman en una suntuosa inscripción que sigue siendo el responsable y así debió de ser hasta el final de su vida.

El cuidado que ponen los cabildos en que su maestro de obras esté presente diariamente en el trabajo, norma que se explicitaba en el contrato, no tiene otra misión que el estricto control de los trabajadores y del proceso de construcción por parte del principal responsable. En algunas ocasiones se producía el hecho que el maestro era también escultor con lo cual, con su presencia, se le obligaba a labrar las mejores piezas. En los grandes centros de construcción existía lo que se denominaba la "casa de la obra", era la lonja de trabajo donde, durante siglos, equipos de obreros se sucedían en la labra y preparación de los materiales que iban a ser colocados en la fábrica que se estaba edificando. Aunque sea una noticia tardía, ya del siglo XIV, véase lo que se dice de una de estas casas en la catedral de Burgos:

"La obra de la Iglesia de Burgos que há unas casas cerca de la dicha églesia en que tienen todas las cosas que son menester para la dicha obra; e los libros de las cuentas é todas las otras ferramientas con que labran los maestros en la dicha obra."

El número de estos canteros variaba según la situación económica de cada momento. Algunos datos nos permiten conocer ciertas cifras que pueden ser orientadoras: el "Calixtino" nos informa que la catedral compostelana era construida en uno de los momentos de máximo empeño por cincuenta "lapicidas". En muchas ocasiones, los obreros que trabajaban en la construcción de una catedral eran liberados de tributación por los monarcas; de esta manera los reyes contribuían en facilitar una cierta economía. Por este tipo de referencias sabemos que en el siglo XII trabajaban en la catedral de Salamanca de veinticinco a treinta obreros.

Ermita de Clunia (Burgos). Aspecto meridional.

Como hemos indicado antes, al tratar de la especialización en el oficio, los canteros que trabajaban en la obra serían de dos tipos caracterizados por su especialización y fijación en el trabajo. Los artistas dedicados a una labra de calidad, encargados de relieves y piezas arquitectónicas esculturadas, podrían trabajar durante una determinada campaña y dejar el material suficiente para que los canteros fijos lo asentasen según avanzaba la construcción. Esta manera de trabajar crea serios problemas a los historiadores que se ocupan de averiguar cuál ha sido el proceso de la marcha de las obras, pues al ser los materiales esculturados los que permiten descubrir una secuencia estilística, se fijan en ellos sin darse cuenta en qué momento pudieron ser colocados de verdad en el sitio en el que se encuentran. Un taller de escultores ha podido dejar en la casa de la obra cincuenta capiteles de varios tipos –para columnas de pilares, ventanas o puertas–, metros de impostas, etc.; todo este material no puede ser asumido por la marcha de la obra hasta un determinado momento. Cuando realmente se pueden aprovechar estas piezas ha podido ocurrir que por un parón del trabajo, a veces

Biblia de Burgos (Burgos, Biblioteca Provincial).

San Martín de Frómista (Palencia). Fachada meridional.

muy prolongado, o una modificación del proyecto, o ambas cosas a la vez, su ubicación en el edificio no sea en la continuidad lógica que se tenía previsto, creándose así un contrasentido estilístico en el proceso de construcción.

¿Qué mensajes o recuerdos nos han dejado los constructores en sus edificios? Distinguiremos tres tipos bien diferenciados: señales y marcas funcionales, imágenes convencionales meramente ornamentales y formas protocolarias y monumentales.

La fantasía decimonónica vio en las marcas que tenían los sillares de los edificios medievales las señales misteriosas de los masones, entendidos éstos como grupos más o menos sectarios, pero siempre como integrantes de una sociedad secreta poseedora de unos conocimienos cabalísticos que expresaban con signos sólo conocidos por los iniciados. Aunque todavía no comprendamos en su totalidad las claves de este lenguaje de las marcas, sin embargo sí sabemos que solamente tuvieron la significación de su vulgar funcionalidad.

Las marcas no aparecen hasta las construcciones del románico pleno, y a partir de entonces son muy numerosas. Suelen ser signos de fácil factura por la simplicidad de sus trazos. Generalmente, letras como I, A, P, R, S, O. En muchas ocasiones incluso estos caracteres se reducen en algunos de sus trazos. A menudo se alejan de la grafía de las letras y adoptan tipos como ángulos, aspas, espirales, etc. Con estas señales se indicaban las piezas que habían sido labradas por un determinado cantero, una especie de indicativo de producción a destajo. Existen datos documentados muy tardíos, de época bajomedieval, que demuestran que en algunas canteras la producción de los diferentes operarios se marcaba así, lo que facilitaba el recuento para ser abonado.

Otras veces las marcas tenían indicaciones convencionales que permitían la colocación de los sillares en la fábrica del edificio. Esto sólo se entiende bien si tenemos en cuenta una cierta discontinuidad entre la labra del material y su colocación. Recuérdese a este respecto lo que acabamos de decir sobre la especialización del trabajo y su elaboración en la lonja o patio de la obra. Podemos ver en muchos edificios cómo los sillares que han sido pensados para ser colocados como tizones –transversalmente en el muro– tienen la misma señal, mientras que carecen de ella, o es diferente, los destinados a una colocación a soga –sillares que sigue su cara larga la continuidad de la hilada–. Cuando la complejidad de una parte de la construcción exigía preparar la articulación de los elementos de una manera precisa y exacta lejos del lugar de colocación, se marcaban los diferentes elementos para después disponerlo en el mismo sentido y orden. En la parte románica de la tribuna de la catedral de Tuy podemos ver arcos cuyas distintas piezas tienen señales que han permitido reconstruir a aquella altura lo que fue hecho y montado abajo. Por ejemplo, las dovelas tienen signos progresivos que indican el lugar exacto que deben ocupar en el aparejamiento de la rosca del arco, las piezas son en apariencia exactamente iguales, pero cuando se tallaron y probaron fueron relaboradas con absoluta precisión para su articulación una con otra.

San Martín de Frómista (Palencia). Capitel del interior.

Imágenes de artistas representados en diferentes partes del edificio han sido siempre habituales. De las numerosas cabezas que decoran los canecillos, algunas han sido interpretadas como retratos de los constructores. En algunos casos figuran personajes portadores de instrumentos de su oficio, lo que no deja lugar a dudas de su ocupación. Desde el punto de vista iconográfico son figuraciones convencionales; no se pretende individualizar o concretar lo que podríamos llamar un retrato del artista para la inmortalidad. Se puede ir más lejos y representar escenas que denominaríamos de género, es decir, los artesanos en plena actividad de su oficio. En las iglesias palentinas de San Martín de Frómista o de Valdecal podemos ver un capitel en el que dos obreros transportan una cuba de agua para fraguar la argamasa. El mismo tema lo seguimos viendo en la colegiata de Santillana del Mar. Se trata de un iconograma estereotipado que se repite a partir del mismo modelo. En el claustro de la catedral de Gerona tenemos un buen repertorio de estas escenas de obreros de la construcción. Volvemos a encontrarnos otra vez con los aguadores, aunque hay ciertos matices diferenciales en la concreción de los detalles, y vemos a los escultores labrando en el banco o sobre el terreno mismo.

Ninguna de estas representaciones son creaciones exclusivas del románico, ni siquiera han sido sus creadores. Todas estas imágenes han sido realizadas por el arte tardorromano y repetidas continuamente en las miniaturas y esculturas medievales. Los temas de Gerona los podemos ver en un aljarfe mudéjar, o en un claustro gótico, o, más a menudo, en una miniatura. La fuente iconográfica

Santo Domingo, de Soria. Detalle de la portada occidental.

Nuestra Señora de la Peña, Sepúlveda (Segovia). Detalles de la portada meridional.

Claustro de Santo Domingo de Silos (Burgos). Panda de la sala capitular.

remota común es la misma, el arte romano; las vías de continuidad, diferentes. Figuran en los programas iconográficos de los templos como una representación más de la vida diaria que tiene su lugar en la intención de reproducir el orden de lo creado dentro de los designios de la voluntad divina.

Desde los primeros momentos de la difusión del estilo pleno suelen aparecer en los epígrafes monumentales la referencia de los maestros constructores, aunque siempre en un segundo término con respecto a los que han sufragado la obra. A veces, estas citas de los constructores son demasiado ambiguas, y resulta difícil poder precisar si se trata de un constructor o de quien ha financiado la obra. Por ejemplo, en la iglesia de Santa María de Lebanza parece a simple vista que se trata de un operario, pero si nos fijamos bien, nos damos cuenta de que es el financiero: ISTO ARCO FECI RODRICUS GUSTIUT VIR VALDE BONUS MILITE ORATE PRO ILLO ("Hizo este arco Rodrigo Gustioz, hombre de Valbuena, soldado, orad por él"). Si no se hubiese expresado su condición de soldado se podría confundir con uno de esos tantos maestros a los que atribuimos la construcción. A partir del tardorrománico las cosas cambian sustancialmente, el artesano empieza a ser consciente de su importancia en la realización de obras trascendentales para la sociedad en la que vive. El protagonismo de los maestros de obra corre parejo, o mejor, es consecuencia de la gran transformación que la sociedad está experimentando durante la segunda mitad del siglo XII.

Al principio, y en algunos sectores populares, el nombre del maestro de la obra figura tímidamente al lado del comitente todopoderoso que con sus medios la ha hecho posible. Así vemos cómo Jimeno, que realizó y esculpió una portada en el templo palentino de Nogal de las Huertas hacia el final del siglo XII, pide que se rece por él: IN NOMINE DOMINI NOSTRI IHESU XPI / OB ONORE SANCTI SALVA / TORIS IELVIRA SANSES HOC FECIT / XEMENUS FECIT ET SCULPSIT / ISTAM PORTICUM ORATE PRO EO. Cuya traducción sería: "En el nombre de Nuestro Señor Jesucristo, Elvira Sanses hizo en honor de san Salvador. Jimeno hizo y esculpió esta portada. Orad por él".

Obsérvese cómo en esta inscripción se diferencia el que costea la obra del que la realiza materialmente. La progresión hacia un mayor protagonismo se confirma con Arnaldo Cadel, que, al finalizar la duodécima centuria dirige el taller que está edificando el claustro de San Cugat del Vallés. En un ángulo de las pandas, una inscripción recuerda a la posteridad su nombre y su figura: HEC EST ARNALLI SCULPTORIS FORMA CATELLI QUI CLAUSTRUM TALE CONSTRUXIT PERPETUALE ("Esta es la imagen del escultor Arnaldo Cadel que construyó este claustro eterno"). El letrero está junto a un capitel en el que se representa, por desgracia decapitado por la incuria del paso del tiempo, al escultor trabajando en la labra de un capitel. Resulta difícil pensar en la idea de un teórico retrato, pero el epígrafe es muy explícito en la referencia de que no se trata, como en otras ocasiones anteriores hemos visto, de una imagen convencional que se refiere simplemente a la actividad de los constructores en abstracto, sino de la imagen, "forma", del escultor Arnaldo Catell. Que existe además una mayor intención realista e individualizadora del personaje y su actividad, como empieza a ser normal ya en la época, lo demuestra que el capitel que esculpe es similar a los que se han realizado en la obra del claustro.

Será el maestro Mateo, el responsable de la obra de la catedral de Santiago de Compostela, el que marque definitivamente la postura del artista que se siente orgulloso de su trabajo, por encima del propio comitente. En cierto modo su actuación corresponde a una personalidad fuera de lo común, genial; llega más lejos que ninguno de sus colegas porque está seguro de su arte. Se había ocupado de la obra compostelana por encargo del propio monarca. Su prestigio y fama le llevan a ocupar un puesto destacado en la sociedad de Santiago, donde se había procurado un importante patrimonio. Cuando se concluyeron las obras de la gran portada de la catedral redactó en los dos grandes dinteles un letrero monumental destinado a perpetuar su nombre en el transcurrir el de los tiempos: ANNO AB INCARNACIONE DOMINI MCLXXXVIII ERA ICCXXVI DIE KALENDAS / APRILIS SUPER LIMINARIA PRINCIPALIUM PORTALIUM / ECCLESIE BEATI IACOBI SUNT COLOCATA PER MAGISTRUM MATHEUM / QUI A FUNDAMENTIS IPSORUM PORTALIUM GESSIT MAGISTERIUM. Cuya traducción dice así: "En el año de la Encarnación del Señor de 1188, es decir, era 1226, el 1 de abril, han sido colocados los dinteles de las puertas principales de la iglesia de Santiago por el maestro Mateo que se encargó de la dirección de la obra desde los cimientos".

La osadía de Mateo es increíble: el lugar más significativo de toda la iglesia del Apóstol, los dinteles bajo los cuales han de pasar cuantos entren solemnemente en el templo, ha sido ocupado por un letrero

Catedral de Tarragona. Puerta del claustro, capitel.

Beato de Silos (Londres, British Museum). Infierno.

monumental que sólo referencia su actividad y persona; allí no figuran referencias al monarca ni siquiera al arzobispo; sólo el artista. Si el maestro románico había iniciado el período ocupando excepcionalmente un modesto lugar después de la cita de los poderosos, cuando el estilo está a punto de fenecer se ha convertido, aunque debemos reconocer que por entonces sólo muy excepcionalmente, en el protagonista absoluto y único.

Si hacemos caso a la tradición que ve en el personaje que aparece arrodillado detrás de la columna central de la portada la representación del mismo Mateo, nos encontraremos con una prueba más de su orgullo de genio creador. Solo, de espaldas a toda la corte celestial que ha representado en la gran portada, se hinca de rodillas y reza mirando hacia el altar mayor. Se diferencia de Cadel y tantos otros artistas en que no lleva atributo que lo identifique por su oficio; dejando volar nuestra imaginación, podríamos sugerir que pensaba en su prestigio social y se representaba como un comitente en vez de un artista. En esto, como en tantas otras cosas de sus creaciones, se aprecia la "modernidad genial" de su arte y su personalidad.

De los pintores todavía conocemos menos cosas; apenas hay mínimos indicios, ni siquiera podemos relacionar media docena de nombres. Los que ilustraron los códices hispanos del siglo X fueron muy explícitos en sus obras sobre su personalidad y algunos aspectos de orgullo sobre su actividad creadora. Al iniciarse la renovación románica parece como si todo siguiese igual. Hemos visto más arriba cómo Fructuoso se representó al lado de los monarcas que le encargaron la confección de la obra –"Diurnal de Fernando I y Sancha"–; es decir, en el alba del románico el pintor-iluminador sigue ocupando un puesto protagonista en el trabajo que ejecuta. Sin embargo, esto no es del todo cierto: un "beato" escrito por Facundo para los mismos reyes, en 1047, carece de la referencia de los artistas que lo pintaron. A partir de entonces los nombres de los miniaturistas empiezan a ser raros, hasta desaparecer en el siglo XII: un tal Martino debió de ilustrar el *Beato* de la catedral de Burgo de Osma en 1063; el *Beato* del monasterio de Santo Domingo de Silos, que había sido acabado por Domingo y Munio en 1091, sería iluminado por el prior Pedro en 1109 *(ab integro illuminabit)*. No sólo dejan de figurar en los códices, incluso a veces hay verdaderos problemas para poder saber cuál es el lugar donde se componen.

Biblia de Ávila (Biblioteca Nacional, Madrid).

En la España románica existieron importantes centros de producción de códices ilustrados, pero debemos conocerlos casi siempre de manera indirecta. Lugares citados como *scriptoria* donde se compusieron importantes obras fueron la catedral de Santiago de Compostela, la catedral de Oviedo, la colegiata de San Isidoro de León, o los monasterios de San Pedro de Cardeña, Santa María de Ripoll, San Juan de la Peña, San Millán de la Cogolla, y sin embargo de ninguno de ellos tenemos una noticia totalmente explícita que los relacione con las importantes obras que se les atribuyen.

Muchas de las afirmaciones que hacemos sobre la pintura románica hispana se fundamentan en la obra conservada, y ésta no es nada significativa. Si desde el punto de vista de la arquitectura y de la escultura podemos hablar de obras bien conservadas de primera categoría, de la pintura mural es muy poco lo que tenemos y, generalmente, no corresponde a centros importantes. Si la arquitectura y escultura monumental de Compostela fue la vanguardia de su época, nada conocemos de su pintura. Si tenemos en cuenta como aproximación, aunque sean lejanas e indirectas, algunas de las miniaturas de los célebres tumbos, la calidad de los murales compostelanos debió de ser excepcional. Sobre la importancia de las carencias nos da una buena idea Cataluña, donde todavía existe una considerable cantidad de pinturas al fresco y muy pocas obras de miniatura.

Este anonimato de los pintores ha sido suplantado por los estudiosos denominándolos por el lugar de las obras; así, en la lista de los pintores románicos españoles, figuran los siguientes nombres: maestro de Tahull, maestro de Osormort, maestro de Sijena, maestro de San Isidoro de León, maestro de Ruesta, maestro de San Juan de la Peña, maestro de Pedret, y de esta manera se podría continuar en un largo sinfín de referencias geográficas. Las características de la dedicación de los canteros y la de los pintores es muy diferente: si los tallistas iban buscando los lugares donde mejor les pagasen permaneciendo poco tiempo en las lonjas, los pintores realizaban más rápidamente su labor y se desplazaban a otros sitios en busca de trabajo. Esta idea de artistas itinerantes unida a un análisis superficial de las pinturas ha hecho que muchas veces se quiera ver en varios conjuntos pictóricos la actuación de un mismo taller o maestro, cuando en

San Pedro de Arlanza (Burgos). Detalle del abovedamiento de la absidiola septentrional.

realidad las formas comunes que encontramos en esos lugares se deban más al estereotipado lenguaje convencional que se emplea en la pintura románica que a una única autoría.

Que no se conserven nombres de pintores no tiene otra explicación que la mala suerte de lo conservado. Casi con toda seguridad la mayor parte de las obras pintadas debió de tener su "firma" correspondiente; sin embargo, el nombre del artista no iba a estar en todas las composiciones realizadas en la decoración de un conjunto, ya que desde el mismo momento que esté fragmentado parcialmente puede producirse la pérdida del nombre del pintor. Y así ha debido de ser. En la iglesia segoviana de San Justo un pintor decoró su ábside y nos dejó su firma, pero su precaria conservación ha hecho que la hayamos perdido prácticamente: ...DA PINTOR FE. Tan sólo tenemos las dos letras finales del nombre de su autor. Una noticia del siglo XVI nos informa de la existencia de otro pintor castellano: Gudesteo, pintor al servicio del arquitecto "frater Xemeno" que trabajaba en el monasterio de San Pedro de Arlanza en 1138.

Como los miniaturistas altomedievales siempre nos han trasmitido en sus creaciones algunos aspectos demasiado "familiares" de su vida personal, llegando a escribir junto a su texto o imagen expresiones referidas a sus estados de ánimo, algunos especialistas han querido ver en las curiosas palabras reproducidas en las pinturas de San Justo de Segovia un mensaje legado por el pintor, que nos comunicaba así que no podía seguir trabajando: NON POTEO FACERE PINTURAS. Tal vez esta expresión no corresponda a ninguna circunstancia más o menos "novelada" de la biografía del artista, sino que se trata de una especie de *graffiti* ajeno al mismo pintor.

De los orfebres no tenemos más noticias. Durante el siglo XI vemos cómo llegan una serie de artesanos extrajeros, más exactamente germanos, que contribuyen a la renovación de las técnicas y los iconogramas. Estos son los autores del arca de San Millán de la Cogolla, Engelran y su hijo Rodolfo a los que ya hemos aludido, o el Almanius (Alemán) que hizo con oro y esmaltes el retablo que, en 1056, los reyes García y Estefanía donaron en la consagración de Santa María de Nájera. Al mismo artista o a otro de igual origen o formación se deben las obras que en la corte leonesa se hicieron por encargo de Fernando I o Sancha.

Del siglo XII nada conocemos de los artistas que trabajan el marfil o funden los metales. Un taller como el que realiza en Silos una producción de esmaltes de una calidad extraordinaria carece de la más mínima documentación histórica que lo avale.

San Justo de Segovia. Tímpano.

LOS EDIFICIOS

El color de la arquitectura

Cuando contemplamos en la actualidad un edificio románico, no estamos ante la imagen que de él tenían los hombres que lo construyeron. La fragilidad de las capas pictóricas que lo decoraban y una sistemática restauración que perseguía dejar al descubierto la piedra han desnaturalizado de tal manera el antiguo edificio que su estado original resulta irreconocible.

Criterios de restauración basados en principios estéticos renacentistas, aplicados desde el siglo XIX, han despojado a los edificios de las capas de pintura que cubrían sus muros buscando la belleza del color natural de los materiales de construcción. De esta manera surgen los muros de sillares, sillarejos, mampuestos, ladrillos, etc. Y ya no sólo son los paramentos los que se desnudan de los efectos cromáticos pintados, sino que la propia escultura monumental aplicada como ornamentación es picada y raspada hasta dejar pulida su superficie en el color de su materia lítica.

La aplicación de estos criterios de restauración han producido un desaforado afán por parte de los responsables de los monumentos románicos por limpiarlos totalmente de revocos pictóricos. En este sentido, se ha creado un falso criterio historicista de la sociedad con

respecto a la valoración de las obras románicas. Así nos encontramos con que un muro pintado de blanco u ocre debe ser picado para darle su imagen verdadera, es decir, dejar al descubierto la calidad de la materia constructiva.

La arquitectura románica, como la antigua, no se entendía si no se completaba con su correspondiente decoración pictórica. Los muros recibían una capa de pintura mural, generalmente al fresco, con representaciones más o menos complejas. Lo normal era acudir a ciclos iconográficos, pero si no había medios de encontrar o sufragar un taller capaz de reproducir imágenes, se limitaba a una decoración ornamental básica. La pintura mural no sólo afectaba a los interiores, sino también a las fachadas del exterior, aunque en este caso la decoración externa se solía limitar a colores que enmarcaban las principales líneas arquitectónicas. Todavía en el siglo XX se apreciaban restos de decoraciones figuradas en las fachadas de algunos edificios. El marqués de Lozoya nos describe la de San Martín de Segovia, que aún era visible hace unos pocos años.

Dependiendo de la capacidad económica se podía aplicar al edificio una mayor o menor decoración escultórica. La escultura monumental era preferida a la pintura, pues lo representado duraría más. La escultura se empleaba para los capiteles, líneas de impostas, y todo tipo de relieves; al estar también pintados, se conseguía una perfecta armonización cromática entre estos temas esculpidos y la pintura de los muros de su entorno. Muchas veces, cuando intentamos una lectura iconográfica de una portada, no podemos realizarla al faltarnos la decoración pictórica que había en el tímpano y conservarse sólo los capiteles.

El color de los edificios condiciona totalmente la comprensión de los volúmenes y el sentido de la espacialidad de sus ámbitos. Cuando hoy día observamos el interior de un templo catedralicio o de una iglesia cisterciense o premostratense, no apreciamos apenas diferencia, los muros desnudos enmarcan con una luz muy similar la espacialidad de su interior. En el siglo XII se producía una sustancial diferencia lumínica y cromática. Cualquier iglesia de clero regular o monjes cluniacenses presentaba sus muros ricamente ornamentados con esculturas y, a su vez, éstas y los muros pintados con una gama cromática uniformadora. La luz que penetraba por sus saeteras –en los edificios más importantes podría haber ventanas con vidrieras de colores– se proyectaba sobre unos muros que, al estar pintados con tonos fuertes y chillones, no la reflejaban sino que la absorbían. De esta manera el interior de estos templos aparecía siempre con una luz filtrada que producía preponderancias cromáticas según la luz incidiese en unas figuras u otras. En las iglesias de los cistercienses o de los premostratenses las paredes aparecían pintadas de blanco o de un color terroso claro, nunca con la sillería al descubierto. La única decoración que se permitía sobre estos albos paramentos era el pincelado de las juntas de los sillares. Como las saeteras o ventanas no podían tener vidrios de color, la luz penetraba por ellas directamente. Esta luz no era absorbida por los muros; sus colores blancos actuaban como espejos que reflejaban y ampliaban difusamente su intensidad.

Capiteles y pinturas de las bóvedas del panteón de San Isidoro de León.

La decoración pictórica conservada de algún pequeño recinto permite hacernos una idea del efecto original; sin embargo, siempre hay pequeñas faltas que impiden la comprensión de la totalidad del conjunto. El panteón regio de San Isidoro de León mantiene sus maravillosos murales en bóvedas y muros, pero ya no existe el colorido de todas las columnas. Resulta muy difícil saber cuál era el efecto que producía la policromía de capiteles y relieves, pues se ha perdido prácticamente en la totalidad. En la iglesia segoviana de San Justo podemos ver cómo una puerta conserva importantes vestigios de su decoración. El color se aplicaba a las figuras del tímpano y a los más mínimos detalles de los temas ornamentales.

En la iglesia orensana de San Payo de Abeleda todavía se conservan sobre algunos capiteles vestigios de una decoración policromada que los siglos posteriores han sabido ir manteniendo incluso con repintes. Un fragmento de un capitel encontrado en las ruinas de San Pedro de Arlanza muestra los colores chillones de su decoración original.

En muchas ocasiones se pintaba con colores planos el conjunto de los paramentos, mientras que todos los elementos de la escultura monumental eran tratados con una mayor riqueza cromática. En estos casos lo que se buscaba, con una gran economía de medios, era resaltar las principales líneas arquitectónicas produciendo una efectista plasticidad del conjunto.

Materiales y técnicas de construcción

El edificio románico monumental pretende ser una construcción fuerte, de muros rotundos y compactos que soportan una estructura abovedada. Una serie de líneas arquitectónicas horizontales y el uso de bóvedas y arcos de perfil semicircular contribuyen a crear la sensación de horizontalidad frente a la tan difundida idea de verticalidad del gótico. Sin embargo, se han cargado las tintas sobre una definición de la arquitectura románica como excesivamente apegada al suelo y falta de esbeltez. Basta contemplar el interior de la catedral de Santiago de Compostela para apreciar el sentido ascensional de sus muros; no se puede decir que nos encontramos ante una arquitectura achaparrada o de pesadas masas paramentales. Incluso en construcciones más sencillas suele predominar la verticalidad sobre la horizontalidad. Si esto no se aprecia fácilmente es porque el edificio no se encuentra en su estado original. Los suelos del interior y exterior ha crecido mucho en función de los enterramientos; lo normal es que el nivel de suelo primitivo se encuentre de treinta a cuarenta centímetros por debajo del plinto de las columnas del interior.

El muro consta de dos paramentos de piedra o ladrillo que contienen en su interior un grueso núcleo de mortero. El grosor total de núcleo y paramentos varía según las partes del edificio, suele oscilar entre los setenta y cien centímetros.

Para los paramentos se utiliza la piedra, aunque pueden producirse importantes variantes según las circunstancias geológicas locales. La dificultad de conseguir piedra puede obligar a limitar su uso. El ladrillo es un buen sustituto; a veces se utiliza para la totalidad de la fábrica, en otras ocasiones se recurre en las obras de ladrillo a la piedra como soporte ornamental para columnas e impostas. Si la obra

Decoración pictórica del panteón de San Isidoro de León.

MARCVS
LEO
LU CAS
VI TVLO

no responde a un gran proyecto, no se duda en utilizar la piedra local aunque ésta no sea la más idónea. Así lo podemos ver en zonas ricas en pizarras. Sea cual fuere el material empleado el producto final adquiría un aspecto bastante uniforme merced a la decoración pictórica mural.

¿Cómo se concibe un muro románico? Una primera respuesta es fácil: articulado. Sin embargo, al entrar en precisiones veremos que esta articulación se consigue de manera muy diferente según el momento románico en que se produce. De manera simplificada hablaríamos del muro del primer románico y el del románico pleno, diferenciados en la aplicación o no de la escultura monumental.

Salvo algunas experiencias de la arquitectura hispana, el muro prerrománico era liso y continuo, mostrando en sus grandes superficies un pesado aspecto masivo. Los constructores del primer románico, inspirados en las abundantes referencias del patrimonio romano conservado entonces, buscaron romper la continuidad de los paramentos mediante el empleo de líneas en resalte y superficies rehundidas bajo el plano de los muros. De esta forma se creaba un interesante juego lumínico de contraste entre las zonas de luces y sombras.

La forma más completa de organizar los paramentos exteriores de un edificio del primer románico sería la siguiente de arriba hacia abajo: friso de esquinillas, cadeneta de arquillos semicirculares que se prolongan alternadamente con bandas que descienden por el muro

Catedral de Zamora. Detalles de la fachada meridional.

hasta el podio del mismo. En algunos casos se recurre a un orden de nichos profundos que producen unas acusadas sombras.

En el interior la articulación se subraya con el empleo de arcos doblados para todos los vanos y los soportes. Las cañones de las bóvedas se apoyan en arcos fajones apeados a su vez en pilares que multiplican sus esquinas para que cada una reciba el apeo de los arcos que configuran los espacios que delimitan. Así, los pilares adquieren una forma cruciforme con los correspondientes resaltes de esquinas a cada lado de los cuatro brazos. Durante el tardorrománico la búsqueda de una más estética plasticidad suele sustituir la dura y abrupta sequedad de las escuadras de los codillos por columnas, incluso, intentando una mayor sensación de esbeltez, se colocan dobles columnas en los frentes de los pilares en los que iba una más gruesa.

El románico pleno realza su articulación muraria con una profusa aplicación de decoración escultórica. Cornisas, ventanas, puertas y soportes aparecen ricamente ornamentados con todo tipo de figuraciones esculpidas.

Las cornisas se realizan con canecillos, cobijas y metopas, todos ellos esculpidos en los edificios más cuidados; pero que, al menos, siempre se decoran los canecillos con temas historiados o vegetales. Las puertas y ventanas se enmarcan con columnas y arquivoltas, llegando en muchos casos al empleo de tímpanos esculpidos o pintados.

Los soportes siguen siendo cruciformes, pero con el empleo de columnas. El orden columnario de estos soportes y el de los vanos

permite que los ábacos de sus capiteles se prolonguen por los muros creando una profusa decoración de líneas de impostas que rompen horizontalmente los paramentos.

Todo edificio románico con pretensiones monumentales se proyectó para ser cubierto totalmente de bóvedas; sin embargo, diversas circunstancias, entre las que las económicas solían ser decisivas, obligaron a los constructores, a lo largo del proceso constructivo, a terminar la obra con una simple estructura de madera. Salvo muy contadas excepciones, el ábside siempre se aboveda, mientras que las naves son mayoría las que no terminaron por recibir bóveda alguna. Las bóvedas del románico suelen ser las de cañón y aristas. Las primeras sobre arcos fajones son las más utilizadas, mientras que las otras se reducen a lugares secundarios o zonas que tengan que soportar un gran peso. La conocida bóveda de horno se emplea constantemente para los hemiciclos de los ábsides. Por encima del trasdós de las bóvedas venía una armadura de madera que servía de soporte del tejado. Éste se realizaba con todos los medios conocidos, desde los modestos vegetales, a las más usuales tejas o pizarras, terminando, en las obras de gran calidad, con la "teja" de piedra de clara tradición romana. De esta modalidad tenemos notables ejemplos en la catedral de Santiago de Compostela con su curiosa forma escalonada, o la acanalada que se puede ver en la girola de la iglesia del monasterio orensano de Santa María de Osera.

No conocemos casi nada de los suelos originales, pues la práctica de enterramientos en el interior de los templos ha hecho que desapareciesen en las continuas inhumaciones. Algunos indicios nos informan sobre el empleo de losas, materiales cerámicos o pétreos organizados en composiciones geométricas y, en casos muy excepcionales, verdaderos mosaicos. En la iglesia de Ripoll tenemos materiales y datos documentales que nos demuestran la pervivencia de viejas composiciones romanas empleadas como mosaicos pavimentales en época románica.

El templo, sus variantes y sus formas

Los templos románicos suelen tener su núcleo principal en torno al altar, es el lugar del santuario, el ábside. En el latín de los teólogos de la época se denomina *caput,* cabeza. Cuando comparan el templo con el cuerpo de Cristo indican aquí el lugar que correspondería a la cabeza. Generalmente la forma de estos ábsides románicos es semicircular, aunque nos faltan los de testero recto, y son más raros los poligonales.

Cuando estos templos correspondían a una comunidad que tenía un mayor número de posibles oficiantes –monasterios, catedrales, o colegiatas– se necesitaba crear una amplia cabecera que permitiese articular pequeños ábsides o santuarios. En la Europa poscarolingia de las proximidades del milenio, los monjes benedictinos crearon una fórmula que permitía disponer un número mayor de estos absidiolos: una larga nave de crucero servía para articular en batería estos ábsides. Esta forma planimétrica se empezó a utilizar en los condados catalanes, durante la segunda mitad del siglo X, todavía con un léxico

Catedral de Santiago de Compostela. Aspecto de la nave central.

San Pedro de Rodas (Gerona). Aspecto de la nave central.

constructivo y ornamental, en San Miguel de Cuixá. Poco después, con una factura ya románica, la ampliación que Oliba llevó a cabo en la iglesia de Santa María de Ripoll tenía siete ábsides abiertos al crucero. Generalmente, durante el románico pleno se preferirá recurrir a las girolas para edificar absidiolos, con la disposición, por lo general, de tan sólo tres ábsides escalonados. A partir de la segunda mitad del siglo XII, catedrales y alguna colegiata adoptarán otra vez la fórmula de cinco ábsides; el crecido número de sus canónigos obliga a tener muchos altares (catedrales de Orense, Sigüenza, Lérida, Tarragona, etc.). Los templos de los cistercienses también utilizaron esta planta, pero introduciendo la variante de ábsides de testeros rectos en un muro continuo o escalonado.

La forma de girola con absidiolos radiales no aparecerá hasta el románico pleno. La catedral de Santiago será su primera manifestación. Durante este mismo período se reproducirá en algunos pocos ejemplos, siempre en edificios de grandes pretensiones. En el primer románico catalán hubo algunas experiencias que no fueron deambulatorios tal como se definió más tarde. En Cuixá se realizó una curiosa girola rectangular al tener que contornear un presbiterio de testero recto; se trata de una creación espontánea y accidental. En San Pedro de Rodas el deambulatorio no tuvo este mismo sentido funcional; fue pensado para un determinado uso litúrgico.

San Isidoro de León. Interior de la iglesia.

Un grupo de iglesias de los cistercienses adoptó en el tardorrománico hispano la forma de cabecera de corona de ábsides tangenciales, en búsqueda de poder elevar el número de absidiolos que se pueden articular en torno al pasillo deambulatorio. La solución no fue afortunada y creó graves problemas de iluminación.

Los templos más sencillos disponían, a continuación del arco triunfal, una sola nave de forma rectangular. En la nave no existían microespacios salvo los que servían para marcar los lugares de hombres o mujeres. En las grandes iglesias abaciales, catedrales o colegiales se habilitaba en la nave central un espacio importante para coro.

Lo habitual es que estos templos mayores sean de tres naves: las cinco de Santa María de Ripoll es una absoluta excepcionalidad. La catedral de Santiago codifica la forma de la tribuna sobre las naves laterales; poco antes se debió de construir la pequeña e irregular de San Pedro de Rodas. Sirvieron para aumentar la capacidad de los templos en las grandes solemnidades, aunque su efecto decorativo articulando los muros que limitan el espacio de la nave central debe ser tenido en cuenta, al igual que su función constructiva, como reforzamiento de la estructura abovedada de la nave central. Fue algo propio del románico pleno, las que no se terminaron de construir entonces se

transformaron tal como podemos ver en la catedral de Tuy. En este piso superior se podían disponer altares para capillas secundarias.

San Isidoro de León. Torre.

Formas menos usuales de iglesias eran las cruciformes, casi siempre monásticas, las centrales –poligonales o circulares–, destinadas a servicios funerarios o de uso por órdenes militares, o de cabecera triconque, que suele darse en edificios monásticos y funerarios, aunque su existencia se limita al primer románico o su inercia.

En los templos suelen aparecer tres estructuras que no son generalizadas para todos, pero que no dejan de ser formas peculiares de los mismos: criptas, torres y pórticos. En algunos edificios del primer románico por influencia del mundo franco aparecen criptas que vacían una parte importante del bajo de las cabeceras; suelen ser espacios de tres naves con cubierta de bóvedas de arista. La importancia del culto a las reliquias que se importan del mundo carolingio influyó para importar también el tipo de espacio arquitectónico que se empleaba en los lugares de origen. Criptas como las de San Vicente de Cardona y de la vieja catedral románica de Vich pueden representar este tipo, entre otras varias. También existieron formas más excepcionales y raras, como las de la variante de rotonda con pilar central que vemos en Cuixá o San Pedro de Rodas. Según avanzaba el siglo XI, la cripta destinada a un culto de las reliquias perdió importancia, las que se construían entonces era para conseguir una adecuación del terreno y poder construir la iglesia sobre una mayor superficie llana. En Aragón y Navarra tenemos muchos ejemplos de esta forma. En el siglo XII existen muy pocos casos de la creación de criptas, pero siempre son por razones de desnivel del terreno (San Lorenzo de Carboeiro y parte occidental de la catedral de Santiago de Compostela).

La torre se puede ubicar en diferentes partes del templo: en los laterales, en la fachada y sobre el crucero. Sólo en muy pocas ocasiones, y en edificios de gran importancia, se piensa en una fachada con dos torres siguiendo la fórmula tipológica que se creó en los galileos de los monasterios cluniacenses.

San Vicente de Cardona (Barcelona). Cripta.

Los pórticos a manera de galerías cubren la puerta principal de la mayoría de los templos, tanto rurales como urbanos; aunque sólo en determinados lugares pasan de ser en madera a convertirse en hermosas obras de piedra. Sirven para proteger la entrada y evitar la influencia directa de la intemperie exterior, aunque después tenga multitud de usos. Entre éstos sólo tardíamente se dedicaron a lugar de juntas de vecinos, no siendo el menor el de dedicarse a espacio privilegiado de enterramiento, o el de lugar para realizar las penitencias públicas, aunque generalmente eran polifuncionales.

En cuanto a las construcciones monásticas, serán los benedictinos los que introduzcan las formas del claustro de cuatro pandas con dependencias en su entorno, por lo menos en lo que hemos conservado. En las catedrales también se levantarán claustros con estructuras similares.

Arquitectura civil

Es este un capítulo bastante desconocido del románico; las construcciones de este tipo de carácter monumental fueron un número infinitamente menor. La vivienda de la época altomedieval, incluso la de los grandes señores, generalmente se hacía con materiales pobres. Mientras que no existía un pueblo que no construyese su iglesia, en la mayoría de ellos no se edificó hasta la Baja Edad Media una casa que tuviese pretensiones de monumentalizarse en piedra, aunque no fuese más que la portada. La inmensa mayoría de los edificios de arquitectura doméstica se harían en materiales fácilmente deteriorables, como madera, cañas, paja, adobes...

Las Vegas de Pedraza (Segovia). Capitel del pórtico.

En muchas ocasiones lo que llamamos casas románicas se reducen a una puerta de piedra en arco semicircular, las más suntuosas con algunas aplicaciones de escultura monumental en las jambas encapiteladas. Detrás nos encontramos con una estructura moderna. Las viviendas de los oprimidos se consumieron en su miseria, mientras que los palacios de los poderosos dieron paso al confort de las continuas modernidades. Esas portadas en arco, a las que acabo de aludir, son formas totalmente inerciales que suelen corresponder a plena Baja Edad Media. A este tipo corresponden la mayoría de las célebres canonjías de Segovia. El conocido palacio románico de Gelmírez en Santiago es ya desde el punto de vista de la arquitectura una fábrica gótica. En Orense el "Corral del Obispo" consistía en una construcción que, como su propio nombre indica, se organizaba en torno a un patio o corral. Las dependencias se abrían hacia este ambiente interno mediante vanos de arcos semicirculares con adorno de columnas. Como las viviendas segovianas, pese a su apariencia antigua, es obra tardía.

Lo mismo podemos decir de la cronología de la mayoría de las construcciones civiles catalanas. Se suelen caracterizar por tener una sala noble en el primer piso que recibe luz por medio de varios esbeltos ventanales columnados, de formas decorativas estilizadas y ya góticas. La casa de la Pahería de Lérida nos ilustra sobre estas construcciones catalanas, y una de las mejores muestras de fachada de casa románica la tenemos en el conocido palacio de Estella.

Murallas de protección de las ciudades y los castillos han sufrido tremendas mutilaciones y modificaciones. Las fortalezas militares tuvieron que transformarse de acuerdo con la evolución de las tácticas y de las armas, a la vez que las murallas de los núcleos habitados desaparecían en medio de la voracidad de los especuladores de terreno, con las diferentes expansiones urbanas.

LAS IMÁGENES

Las imágenes que se reproducen por los muros de los edificios románicos responden a dos clases de motivaciones: ornato y enseñanza. En este concepto ambivalente el románico no es original con respecto a las más antiguas tradiciones de la Iglesia. Un hombre del siglo XII, como san Bernardo, siguiendo los principios expuestos por Leoncio de Neapolis y por san Gregorio, decía que en las iglesias las imágenes servían para adoctrinar a los que no sabían leer. Realmente, el templo, con su decoración escultórica y pintada, se ha convertido en una verdadera biblia ilustrada destinada a ser "leída". Pero no sólo eran representados los principios constantes e inmutables de la teología cristiana, sino que, como inmejorable medio de comunicación, se empleaba para la inmediata catequesis y como correctora de vicios y malas costumbres.

Iglesia parroquial de Sotosalbos (Segovia). Capitel del pórtico.

En los muros de estas iglesias podemos ver referencias al principio trinitario de la divinidad que preocupó especialmente desde el último tercio del siglo XI hasta el primer cuarto de la centuria siguiente, junto a numerosas figuras que pretenden llamar la atención sobre la moralidad. Cuando contemplamos uno de los tímpanos de la catedral compostelana descubrimos que, junto a las tentaciones de Cristo, se encuentra una oronda mujer que tiene en su regazo un cráneo. ¿Qué significa esta tan turbadora figura de mujer? La respuesta nos la da un hombre de la época, y no un personaje cualquiera, sino un clérigo buen conocedor del mundo de las mentalidades que programó la iconografía de Santiago: "Y no ha de relegarse al olvido que junto a la tentación del señor está una mujer sosteniendo entre sus manos la cabeza putrefacta de su amante, cortada por su propio marido, quien la obliga dos veces por día a besarla. ¡Oh cuán grande y admirable castigo de la mujer adúltera para contarlo a todos!". Obsérvese la afirmación final, "...contarlo a todos". Sí, estamos ante una imagen aleccionadora; y donde mejor se puede aprender y divulgar es en los muros de la iglesia.

Si los programas más o menos complejos son propios de los grandes edificios donde existe un clero capaz de crear en imágenes interesantes "sermones" brillantes, plenos de conocimientos teológicos y exegéticos, todo se simplifica más cuanto más modesto es el templo. Las "teofanías" se reducen a lo más elemental y las figurillas de sus canecillos aluden a los vicios más torpes que mueven a los hombres: la avaricia, la lujuria, la impiedad... Todos ellos son efecto de la caída en el pecado de Adán y Eva, los primeros padres de la humanidad. Sin la más mínima intención erótica se representan mujeres y hombres en actitudes procaces que no tienen otra misión que constatar para su corrección la existencia del vicio. En este afán moralizador no faltan las referencias a las viejas fábulas que prestan las clásicas ilustraciones de sus historias a los iconógrafos para que las reproduzcan en los capiteles y canecillos; sus imágenes se pueden ver en iglesias de los primeros momentos, como en San Martín de Frómista, o en edificios del tardorrománico como Santo Domingo de la Calzada.

Catedral de Jaca (Huesca). Detalle del tímpano.

San Bernardo, en su célebre *Apología a Guillermo,* nos llama la atención sobre uno de los elementos decorativo-ilustrador más querido del románico, la representación de los animales, reales o fabulosos. Para el estricto monje cisterciense no debían tener sentido para los monjes y sí como ilustración de los "ignorantes":

"¿A qué provecho estas rústicas monas, estos leones furiosos, estos monstruosos centauros, estos semihombres, estos tigres moteados... En fin, se ve aquí por todas partes una tan grande y tan prodigiosa diversidad de toda suerte de animales, que los mármoles, más bien que los libros, podrían servir de lectura; y se pasarían aquí todo el día con más gusto en admirar cada obra en particular que en meditar la ley del Señor."

Los laicos, como los monjes, podían ver en estos animales antes que ninguna otra cosa, la mano creadora de Dios. Luego los animales de su entorno inmediato, los que le dan miedo o le proporcionan diversión, seguridad o alimento. Su fantasía le lleva a confundir los seres fabulosos del mito –basiliscos, arpías, centauros, grifos, etc.– con animales lejanos que nunca ha llegado a contemplar o, al menos, son muy exóticos para el hombre medio –elefantes, camellos, rinocerontes, panteras...–, de los que se puede obtener todo tipo de fantásticos efectos enfrentándose con ellos o alimentándose de alguna de sus partes. Los hombres ilustrados los conocían perfectamente porque los repertorios de animales, bestiarios, se encontraban en todas

San Juan de la Peña (Huesca). Panteón de nobles.

las bibliotecas monásticas, pero de igual modo eran conocidos por las gentes sencillas que los veían en todos los templos y eran tema de conversación en sus discusiones y consejas.

Para trasmitirnos estos mensajes sobre los edificios alcanzaron un gran desarrollo la escultura monumental y la pintura mural. Por lo que conservamos podemos afirmar que no existe una escultura monumental durante el primer románico; lo que conocemos responde a una pervivencia de los valores escultóricos prerrománicos o, cuando se intenta ser innovador, se crean unas formas totalmente sometidas a los prototipos miniaturísticos eborarios o metálicos que son ajenas a un sentimiento de estética monumental. Se producen experiencias, como las de los famosos dinteles del Rosellón, los capiteles de la cripta de Leyre, de Mondoñedo y León, o los relieves de Retuerta, que buscan por impulsos, que bien pudieran corresponder a iniciativas locales espoleadas por un lenguaje iconográfico foráneo y extraño para ellas, crear unas figuras que comienzan a adoptar una corporeidad sobreelevada sobre los planos del fondo, denunciando con esta actitud un esfuerzo seguro para salir de las formas dialectales del lenguaje prerrománico.

En la escultura de Compostela, León, Frómista y Jaca se da un paso decisivo para la concreción definitiva del estilo escultórico, se adoptan actitudes y formas procedentes de modelos romanos. La aparición del movimiento, el tratamiento del desnudo, y aun las formas de los ropajes de algunas de estas esculturas se pueden encontrar en los sarcófagos paleocristianos; éstos, que eran venerados porque contenían los restos de los mártires, se convertían en los más idóneos puntos de referencia estética. Este fenómeno de cualificación del

Catedral de Jaca (Huesca). Capitel del pórtico meridional.

lenguaje historiado de la escultura por una vuelta, una vez más, a los modelos más o menos clásicos, es generalizado en España, Francia e Italia.

La portada románica adquiere un fuerte aspecto claroscurista merced al acusado escalonamiento del muro; los vanos se abocinan en múltiples arquivoltas que apean en jambas transformadas en columnas y codillos. El motivo principal del programa iconográfico suele ocuparlo el tímpano, aunque la decoración historiada rompa con el marco y trascienda por toda la fachada con una simple tendencia acumulativa; por lo menos, así parece desprenderse de la visión de portadas como las compostelanas o la de Leyre, muy diferentes de las de San Isidoro de León, en las que se aprecia un orden lógico organizador. El desorden que hemos referido no es un aspecto que percibamos hoy, que el cambio de piezas de lugar es más que evidente, sino que los hombres coetáneos a las obras así parecen entenderlo cuando escriben intentando describir las fachadas de la catedral compostelana: "Allí mismo, pues, hay talladas, por todo alrededor, muchas imágenes de santos, de bestias, de hombres, de ángeles, de mujeres,

San Pedro de Moarbes (Palencia). Portada meridional.

de flores y de otras criaturas, cuya esencia y calidad no podemos describir a causa de su gran cantidad".

Donde antes y más acusadamente sentimos los cambios estéticos y plásticos del tardorrománico es en la escultura monumental. Ante todo, es el naturalismo, o mejor, la búsqueda del aspecto natural, lo que va a definir la escultura que pretenden hacer algunos maestros. Hasta estos momentos existían iconogramas que no eran más que meros símbolos, puramente convencionales, conformados por rasgos esenciales y simplificados. Se desarrolla un deseo de investigar la figura humana y representarla de la manera más natural posible; pero esto no debe equivocarnos, es un naturalismo que no lleva a identificar la imagen con lo representado –en un sentido de individualizarlo concreta y exactamente–, sino que conduce a un naturalismo idealizado. Lo importante, cuando se representa a unos personajes, es que éstos adopten una actitud que les insufle vida y aparezcan ante el espectador animados, como sorprendidos en plena acción vital. En resumen, las figuras pierden su carácter de iconos, incluso su abstracción convencional que habían adquirido en el románico pleno, para aproximarse a la realidad humana. Pero este realismo que se consigue también queda estereotipado y fijado en un lenguaje plástico que podríamos denominar de manera expresiva "amaneramiento naturalista".

La necesidad de investigar plásticamente al hombre y aproximar las imágenes a una dimensión humana es una consecuencia del proceso político, social y, por ende, religioso de la época. La pintura mural emplea la técnica del fresco, pero no de una manera muy correcta, pues éste era dificultoso y problemático y sólo se empleó en su exacta forma durante la Antigüedad y el Renacimiento. Los pintores románicos usaban una técnica abreviada y de resultados pobres con respecto a su durabilidad. Sobre la pared se aplicaba una mano de cal, y sobre ésta se pintaba con los colores disueltos en agua. El sistema permitía los arrepentimientos: bastaba con volver a pintar de blanco; sin embargo, esta ténica producía fácilmente descascarillamientos.

Encima de esta primera capa, con un punzón, se trazaban las líneas generales; el contorno de las figuras se realizaba con trazos negros u ocres. Después se rellenaban de color los distintos campos cromáticos entre las líneas; era una policromía de base, que más adelante se realzaba con temple u otros productos grasos en general. El estilo de la pintura románica es fundamentalmente lineal, de formas esquemáticas, alejadas de toda realidad naturalista, antes símbolo que imagen real. Es un lenguaje de claves convenidas, universal y uniformador. Paul Deschamps, al enumerar los elementos pictóricos que definen los rostros de los murales de San Savin, parece estar describiendo cualquiera de las caras de los personajes de Tahull, Bagües o San Isidoro de León: "Dos manchas de ocre rojo sobre las mejillas, luces indicadas por trazos blancos en la frente, en las cejas, bajo los ojos, sobre el caballete de la nariz, en el labio superior, una mancha en el centro del mentón". Los fondos planos y monocromos contribuyen a resaltar el valor emblemático de las figuras, y éstas se convierten en auténticos iconos individualizados. Por otro lado, la composición

Majestad de Batlló (Museo de Arte de Cataluña).

pictórica se adapta perfectamente al marco arquitectónico; formas y tamaño de las figuras dependen del condicionamiento de los elementos de arquitectura; y si ésta no existe, pues el paramento es amplio y despejado, el propio pintor las crea para que la composición ideográfica tenga su encuadre adecuado.

Con su policromía, la pintura creaba una luz y un ambiente propicios para el recogimiento. Los tonos planos y monocromos de los fondos proporcionaban una sensación de aislamiento del exterior mundano, incitando a los fieles, en su interior, a meditar y, sobre todo, a sentirse dominados por aquellas figuras que, como iconos sagrados, se recortaban sobre los fondos de colores sólidos. La teofanía, que presidía siempre el ábside, resplandecería mayestática, solemne, a veces inquisidora, bajo las luces tintineantes de las candelas. Los fieles contritos podían leer en las paredes el devenir de la humanidad desde el pecado y caída de nuestros primeros padres hasta la redención de Cristo.

La producción de tallas en madera fue abundante, aunque su creación es, en la mayoría de las ocasiones, tan popular, que resulta prácticamente imposible trazar un discurrir estilístico y aun iconográfico. Es bastante normal que cualquiera de estas tallas pueda tener un aspecto icónico del siglo XII, y, sin embargo, estar realizada dos siglos después. La imagen de bulto redondo tiene su origen en la veneración de las reliquias. En un principio no son más que meras tecas, cajas o contenedores de reliquias, que, pronto, por devoción popular, van a quedar grabadas en las mentes de las gentes con más fuerza que la reliquia que contienen. No conservamos ninguna de época prerrománica, pero es lógico pensar que debieron de existir imágenes como la de Santa Fe de Conques; referencias tardías y a veces falsas nos hablan de estatuas de este tipo en los siglos anteriores al románico, lo que puede ser indicio de su existencia real.

La primera imagen de culto conservada de la plástica hispana sería el célebre crucifijo de Fernando I y Sancha. Los principales temas de la imaginería románica son el Crucificado y la Virgen como trono de la divinidad. Son imágenes realizadas en un lenguaje puramente convencional, con una actitud majestuosa que les aleja de cualquier tipo de sentimiento humano.

El Crucificado no sufre ni muestra ningún efecto en su anatomía que denuncie que está clavado en la cruz; es más, para que adopte un

Decoración pictórica del panteón de San Isidoro de León. Detalle.

gesto más solemne se coloca bajo sus pies un supedáneo. En cuanto a la escultura de María y el Niño, su rigidez y, sobre todo, su falta de comunicación, confieren a la imagen la frialdad y distancia que conviene a la teofanía en el pleno románico. La majestad de Batlló, en el Museo de Arte de Cataluña, y el Crucificado del convento palentino de Santa Clara, en el Museo de los Claustros de Nueva York, son dos prototipos verdaderamente paradigmáticos. El primero, vestido, refleja una dependencia de modelos italianos, especialmente de la primitiva imagen del *Santo Volto* de Luca. El ejemplo palentino nos muestra a un Cristo coronado y vestido con un sencillo *colobium*. Ambos dejaron sentir su influencia en decenas de modelos que se

Crucifijo de Fernando I y Sancha (Museo Arqueológico Nacional, Madrid).

conservan en nuestros museos. La Virgen de Ger (Museo de Arte de Cataluña) es una bella ilustración de Virgen, trono viviente en el que se asienta la divinidad.

El tardorrománico se acusa en la imaginería con una mayor preocupación naturalista en el tratamiento anatómico de Cristo en la cruz, e incluso se va manifestando el carácter dramático del sacrificio padecido. En el Cristo de Salardú vemos cómo cierra los ojos y su escultor presta una especial atención a la definición del cuerpo. Lo narrativo y dramatizable se hace patente ya en los complejos descendimientos, como los de Erill la Vall y el de San Juan de las Abadesas, aunque su cronología se salga de la propiamente románica.

Aragón

En tierras aragonesas se producirá una pronta adopción del primer románico. Conocemos pocos edificios de este tipo en un primer momento, pero los existentes son de un gran interés. Las carencias monumentales de un supuesto estilo puro se compensan con una larguísima nómina de edificios realizados con unas soluciones híbridas, recursos constructivos tradicionales mezclados con elementos concretos del léxico formal de la arquitectura del primer románico. Responden a estas características las conocidas iglesias del Gállego, de arquitectura popular con tipologías inerciales que las condiciones del territorio, valles de montaña, favorecerá un cierto enquistamiento.

Santa María de Obarra (Huesca). Puerta meridional.

Será en el condado de Ribagorza donde, en torno al milenio, se empiece a construir un templo, como la iglesia de Santa María de Obarra, con una planta y unos muros similares a los que se estaban edificando en las tierras de los condados catalanes. Maestros venidos de estas tierras contribuyeron a su enseñanza y difusión. Así, durante el primer tercio del siglo XI, surgen las parroquiales de Calvera y Güel que, como la anterior, se encuentran junto al río Isábena. La catedral de Roda, aunque conoció diversas fábricas anteriores, verá, ya por la década de los sesenta, un templo cuya arquitectura tiene los manierismos propios de un primer románico inercial. En Ribagorza septentrional se levanta la iglesia monástica de los Santos Justo y Pastor de Urmella, irregular edificio basilical conservado parcialmente.

Castillo de Loarre (Huesca). Exterior del ábside de la iglesia.

Seguramente la anexión de Ribagorza a la Corona navarra favoreció la extensión del nuevo estilo hacia tierras más alejadas, tal como denuncian obras como la iglesia de San Caprasio de Santa Cruz de la Serós y el castillo de Loarre. En esta fortaleza todavía podemos contemplar importantes vestigios de las obras que se llevaron a cabo entre 1020 y 1030, en la que destaca, por la armonía de su paramento –de sillarejo en hiladas regulares con grueso tendel de argamasa y arena– y el curioso friso de ventanas geminadas, la conocida torre de la Reina.

Durante el reinado de Sancho Ramírez (1063-1094) se consolidará en torno a Jaca, capital del reino, sede episcopal y verdadero núcleo estratégico en las relaciones comerciales con la geografía ultrapirenaica, el arte románico pleno. En el comienzo del último tercio del siglo XI se trabaja en Jaca en la definición de un determinado tipo de edificio con una riquísima decoración escultórica monumental.

Los escultores participan de un estilo inspirado en formas romanas que han aprendido al reproducir modelos de los sarcófagos paleocristianos, muestran estrechas afinidades con otros talleres que por

En las páginas siguientes, castillo oscense de Loarre.

San Juan Bautista de Busa (Huesca). Detalle de la cabecera.

los mismos años trabajan en las principales canterías del reino castellano-leonés y en el sur de Francia. La cronología cierta de la iglesia de Iguácel, en la década de los años setenta, y de la iglesia de Loarre, que tendría que estar prácticamente construida en el último decenio de la centuria, confirman plenamente la asimilación total del estilo por estos años.

La conquista de Huesca en 1096 supuso el desplazamiento de los principales centros creadores del reino a la nueva capital, donde se iban a establecer la corte y la sede episcopal. Estas circunstancias fueron sumergiendo las obras jaquesas en un segundo plano, aunque todavía en 1100 trabaja allí un taller con buenos recursos, tal como se puede apreciar en el capitel con un ciclo de imágenes dedicado a san Lorenzo.

Durante el segundo cuarto del siglo XII son centros oscenses los que presentan las obras más depuradas. En San Pedro el Viejo tenemos un par de tímpanos de una cuidada escultura. El más antiguo corresponderá al de un crismón transportado por ángeles, para el que se han señalado modelos paleocristianos –en 1147 Ramiro II era enterrado en un sarcófago de este estilo–.

Hacia mediados de la centuria aparece en Aragón un artista que nos deja la huella de su gran quehacer en las iglesias de Uncastillo. En sus esculturas abundan los temas de carácter profano, de actitudes movidas y desenfadadas ejecutadas con gran corrección y hábilmente compuestas. Ecos o analogías de su arte –tal vez no sean más que coincidencias estilístico-iconográficas de época– se aprecian en algunos capiteles de San Martín de Unx (Navarra) o en la iglesia francesa de Oloron-Sainte-Marie. La escultura aragonesa de la segunda mitad del siglo XII estará marcada por las obras de una corriente estilística que se ha personalizado bajo el nombre del "maestro de San Juan de la Peña".

Es imposible que todas las obras que se relacionan con esta forma de hacer puedan corresponder a un único artista; todo parece indicar que se trata de una tendencia que, originada en las expresionistas imágenes del claustro de San Juan de la Peña, se irá extendiendo no sólo por la geografía de Aragón, sino por tierras navarras y castellanas. No perderá algunos de sus rasgos distintivos, como sus enormes ojos y el rotundo perfil de sus personajes, pero sí verá estilizarse sus formas y mejorar la composición de las escenas y las actitudes de los personajes.

La conquista de Zaragoza en 1118 supuso una considerable ampliación de la geografía del reino; sin embargo, las obras importantes no se realizarían hasta el tardorrománico. La construcción de la catedral zaragozana se iniciará a partir de 1188, año en el que se recogen donativos para su obra. El templo se comenzó en piedra y se terminaría en ladrillo. Los edificios de los cistercienses contribuyeron a la creación de grandes fábricas como en tantas otras fundaciones peninsulares durante la segunda mitad de siglo. En Veruela, en las faldas del Moncayo, tuvo lugar una fundación en 1146. Su iglesia, proyectada siguiendo el modelo de Poblet o Moreruela, debió de comenzarse en 1171. La renovación pictórica coincidirá con las obras del estilo jaqués.

San Juan de la Peña. Capitel del claustro.

Las tendencias pictóricas catalanas llegan a tierras aragonesas con significativas creaciones. A principios del siglo XII, en una capilla de la catedral de Roda de Isábena, podemos ver un apostolado que está próximo al arte del círculo del maestro de Pedret. Las rudezas del artista del *Juicio Final* de Tahull se hacen patentes en los dos santos que conservamos del templo de Susín. El final de la pintura románica en Aragón corresponde a una obra maestra de lo que se ha llamado el "estilo 1200", la decoración de la sala capitular del monasterio de Sigena. El número de obras ilustradas procedentes de talleres aragoneses que hemos conservado es muy limitado. En San Juan de la Peña, en Huesca, Jaca y Roda de Isábena debieron de existir escritorios. Obra notable es la *Biblia de San Juan de la Peña,* conservada en la Biblioteca Nacional de Madrid. Compuesta en escritura visigótica, tiene iniciales decoradas. Dentro de la corriente 1200, con abundantes iniciales historiadas, hay una biblia del Museo Diocesano de Lérida, que procede de Calatayud.

La "Cubierta del Evangeliario de la Reina Felicia", en el Museo Metropolitano de Nueva York, es la obra de orfebrería más importante que conservamos del Aragón románico. Fue realizada en una plancha

San Juan de la Peña (Huesca). Detalle del claustro.

Santa María de Obarra (Huesca). Aspecto de la cabecera.

Santa María de Uncastillo (Zaragoza). Puerta septentrional.

de madera con cubierta de láminas de plata con decoración de filigrana y cabujones de piedra y un esmalte; en el centro, un pequeño Crucificado entre la Virgen y san Juan, y en un letrero se lee: FELICIA REGINA. Al identificarla con la esposa de Sancho Ramírez, que muere en 1086, ese año puede utilizarse como referencia. Los especialistas no han podido fijar analogías con el arte eborario coetáneo; se considera obra de un taller local.

Estudios sobre el románico aragonés

Arriba, Santiago de Agüero (Huesca). Tímpano. Abajo, catedral de Jaca (Huesca). Capitel de la portada meridional.

Muchos de los edificios aragoneses ocuparán un puesto principal en la historiografía sobre el románico hispano; en este sentido, todas las obras recogidas en el apartado general interesan para el conocimiento de las obras principales. Resulta imposible recoger en este breve apartado la multitud de artículos que se han dedicado más o menos monográficamente al románico aragonés; sin embargo, merecen ser citados algunos nombres de sus autores: Arco, Gaillard, Ubieto, Lacarra, Torres Balbás, Íñiguez, Crozet, Pächt, Simon, Moralejo, Caamaño, Gardelles, Egry, etc.

La primera síntesis amplia corresponde a Ricardo del Arco, *El arte románico en la región pirenaica, especialmente en Aragón,* Zaragoza, 1932. De poco más de veinte años más tarde es la tesis doctoral de Francisco Abbad Ríos, *El románico en Cinco Villas,* Zaragoza, 1954; breve estudio de los edificios de la comarca. El estudio general más completo corresponderá a Ángel Canellas López y Ángel San Vicente, *Aragon roman,* La Pierre-qui-vire, 1971 (existe trad. castellana). Una visión de conjunto de los edificios del Gállego nos la ofreció Antonio Durán Gudiol, *Arte altoaragonés de los siglos X y XI,* Sabiñánigo, 1973. Estos mismos templos serán estudiados en el contexto de la arquitectura del primer románico por Juan Francisco Esteban Lorente, Fernando Galtier Martí y Manuel García Guatas, *El nacimiento del arte románico en Aragón. Arquitectura,* Zaragoza, 1982.

Para la pintura resulta todavía muy útil el estudio general sobre el medievo aragonés, José Gudiol, *Pintura medieval en Aragón,* Zaragoza, 1971. Para el estudio del conjunto de Sijena, con un magnífico repertorio fotográfico, véase Walter Oakeshott, *Romanesque paintings in Spain and the Winchester Bible artists,* Londres, 1972. Un completísimo estudio monográfico de todas las pinturas románicas ha sido realizado por Gonzalo Borrás Gualis y Manuel García Guatas, *La pintura románica en Aragón,* Zaragoza, 1978.

Principado de Asturias

El románico asturiano, salvo en algunas obras relacionadas con la catedral ovetense, verdaderas joyas del estilo en España, acusa el aislamiento y cierta precariedad de medios que el territorio sufrió durante toda la etapa románica. Al trasladarse la corte a León, la región asturiana se sumió en un cierto letargo económico y demográfico del que tardará en salir. Habrá que esperar al reinado de Alfonso VI para que algunas zonas de Asturias abandonen su aislamiento y se integren en el devenir del reino castellano-leonés.

La importancia del arte que se había desarrollado durante la monarquía astur permitirá que, de una manera inercial, las técnicas constructivas antiguas sobrevivan. Por lo que podemos ver en algunos edificios del siglo XII, verdaderos remedos de obras asturianas de la época de Alfonso III, las construcciones de las que tenemos constancia a lo largo de la primera mitad de la undécima centuria serían de formas muy similares. Ábsides de testeros rectos, que tienen como máximo exponente decorativo arquerías ciegas alrededor de los muros interiores, tal como todavía podemos apreciar en la iglesia de San Salvador de Fuentes. En este mismo templo se conserva un epígrafe que se refiere a una iglesia consagrada en 1023; su traducción dice así:

"En la era de 1059 [año de 1021], día 25 de mayo, nosotros, Diego Pépico y Mansuara y mi madre doña Vistrildi, concedemos a la casa del Señor que hemos edificado lo que tenemos allí, con toda su heredad y hacienda de Cembias para el remedio de nuestras almas. Era de 1061 [año de 1023], día 24 de febrero, don Adenagao, obispo de la sede ovetense, consagró esta basílica en honor de san Salvador."

Si la forma de los capiteles de este templo no corresponde con el arte inercial de origen astur, sino al románico pleno, es evidente que la estructura del templo sí parece deudora de esa tradición. Así, debemos considerar

Torre Vieja de la catedral de Oviedo.

Torre Vieja de la catedral de Oviedo. Interior del piso alto.

que el templo construido en Fuentes, durante el primer cuarto del siglo XI, respondería a una tipología muy parecida aunque con un léxico todavía propio del prerrománico astur.

Será en el último tercio de la centuria, durante esa integración que acabamos de atribuir a Alfonso VI, cuando empecemos a notar una renovación de las viejas fábricas prerrománicas. Al principio, como en San Pedro de Teverga, se mantedrán los tipos arquitectónicos y se renovará el léxico constructivo y ornamental. Los impulsos

San Pedro de Teverga. Capitel.

inspiradores proceden del arte leonés, y se acusan en obras como la ampliación de la torre de la catedral o en San Pelayo de Oviedo. La primera mitad del siglo XII aparece centrada por la importante figura del obispo don Pelayo, obispo efectivo entre 1101 y 1130, aunque vivirá hasta 1153, año en que es enterrado en Santillana del Mar.

Don Pelayo será el verdadero renovador de toda su diócesis impulsando la modernización del cabildo y de los monasterios. Siguiendo la norma del concilio de Coyanza impulsó la difusión de la regla benedictina. Está presente en San Salvador de Cornellana para asistir a la confirmación solemne de la entrega de este monasterio a Cluny, en 1122. Todo esto supuso, como en tantas otras regiones peninsulares, la total renovación del patrimonio arquitectónico y mobiliar, lo

Libro de los Testamentos (catedral de Oviedo).

ADEFONS REX CASTVS
ARMIGER REGIS

San Pedro de Teverga.

San Pedro de Teverga. Capitel.

que propiciará la implantación definitiva de las formas del románico pleno. Un taller de miniaturistas, procedente de León, se establecería en el escritorio catedralicio para trabajar en las grandes empresas políticas emprendidas por el obispo. Ya antes, la generosidad de Alfonso VI había introducido en el patrimonio astur una obra de orfebrería tan carismática como la célebre decoración metálica del Arca Santa.

El mayor número de edificios asturianos fue construido durante el tardorrománico, incluso sus formas estereotipadas pervivirán siglos amalgamadas con algunas pobres soluciones del gótico. Son edificios de espacios simples y una pobre decoración escultórica, donde adquirirán una gran popularidad los motivos de rollos y arcos polilobulados tan característicos del románico leonés y zamorano, las cabezas de pico y los motivos geométricos. Tan sólo se conoce en Asturias una puerta con tímpano, en la que se representa una "Maiestas" rodeada de los símbolos de los evangelistas, en San Juan de Priorio. Es obra de un maestro popular mal dotado, que incluso intenta completar el conjunto con la aplicación de unas groseras estatuas-columna. El gran artista del período será el refinado maestro que esculpió la bella serie del apostolado de la Cámara Santa, que, desgraciadamente, careció de seguidores en la región.

La cabecera de San Juan de Amandi ha sido diseñada por un maestro que, lejos de la reiterativa vulgaridad, busca una mayor complejidad ornamental que las simples formas habituales; dos órdenes de nichos articulan todo el paramento interno hasta producir una efectista morbidez del muro. Los cistercienses se implantaron tardíamente en el territorio y sus fundaciones no alcanzaron una gran importancia. Será ya en el XIII, cuando se inicie la construcción de la iglesia de Santa María de Valdediós, un gran templo por su tamaño, pero de un arte incluso muy conservador aunque sea cisterciense. En tierras de Occidente se levantó otra fundación en los Oscos, aunque su iglesia no supera las formas de la modesta arquitectura popular.

El románico asturiano en la historiografía artística

Dejando a un lado las obras de carácter general del románico hispano, señalamos aquí unos cuantos títulos que han tenido un interés especial para el conocimiento del románico asturiano en conjunto o alguna de sus obras en particular. En el año 1877 se publicaban cuatro fascículos de la colección *Monumentos Arquitectónicos de España* que, aunque dedicados en su mayor parte a los famosos monumentos de la época astur, contienen una serie magnífica de dibujos de obras románicas en el Principado. Hace unos años se editó una edición casi facsímile de ellos *(Monumentos Arquitectónicos de España. Principado de Asturias,* Fundación de Cultura del Ayuntamiento de Oviedo, 1988). Será en la obra de Manuel Gómez Moreno, *El románico español,* en la que se aborde de una manera "moderna" el análisis de la Torre Vieja de la catedral de Oviedo y, sobre todo, las piezas mobiliares que se conservan en la Cámara Santa.

Helmut Schlunk y Joaquín Manzanares realizaron a mediados de esta centuria un minucioso y sistemático estudio de la interesante

Cámara Santa (catedral de Oviedo). Columna, según Monumentos Arquitectónicos de España.

Díptico del obispo don Gonzalo (catedral de Oviedo).

Santa María de Valdediós.

iglesia de San Pedro de Teverga, y pusieron en conocimiento de la comunidad científica un edificio que mostraba una curiosa y popular forma de trabajar la escultura monumental en los primeros momentos del románico pleno, en un área geográfica alejada de los principales centros de poder de la época ("La iglesia de San Pedro de Teverga y los comienzos del arte románico en el reino de Asturias y León", en *Archivo Español de Arte,* nº 96, 1951, págs. 277-305). Sobre la importancia de la escultura de la Cámara Santa se ocupó August L. Mayer. Gómez Moreno se cuidó de que se llevase a cabo una cuidadosa restauración del conjunto después de su voladura en el año 1934 *(La destrucción de la Cámara Santa de Oviedo,* Madrid, Academia de la Historia, 1934). José Manuel Pita Andrade supo clasificar al autor dentro del contexto de la escultura castellano-leonesa del tardorrománico *(La escultura románica en Castilla. Los maestros de Oviedo y Ávila,* Madrid, 1955).

Una primera visión de conjunto, muy breve, pero fijando inteligentemente algunas de las características del románico asturiano, fue la de Juan Antonio Gaya Nuño, que lo valoraba así: "Dentro del panorama general del arte románico español, el asturiano constituye grupo considerable en cuanto a personalidad, tanta de ella derivada de normas prerrománicas, otra más debida a un constante afán de norma, de medida, de perfección, de obra bien hecha, siempre en proporción con las fragmentaciones de población rural". ("El románico asturiano dentro del español", en *Boletín del Instituto de Estudios Asturianos,* nº 59, 1966, págs. 1-18).

Magín Berenguer inició un corpus sobre el románico asturiano en un primer volumen que contenía diez monografías, que lamentablemente no tuvo continuidad *(Arte románico en Asturias,* vol. I, Oviedo, 1966).

Un grupo de edificios asturianos fue estudiado por Antonio Viñayo González en el volumen dedicado por la serie *"La nuit des temps"* a León *(L'ancien royaume de Leon Roman,* La Pierre-qui-vire, 1972 –existe trad. española–). Doce años después aparecerá, por fin, una obra, escrita por María Cruz Morales y Emilio Casares, que recogerá el

Cámara Santa (catedral de Oviedo).

más amplio catálogo del románico asturiano (*El románico en Asturias. Zona Oriental,* Oviedo, 1977; *El románico en Asturias. Centro y Occidente,* Oviedo, 1978).

Etelvina Fernández González ha dedicado una buena parte de su labor investigadora al estudio del románico del área de Villaviciosa en diversas monografías sobre aspectos estilísticos e iconográficos. Su tesis doctoral, obra de imprescindible consulta, se publicó con el título de *La escultura románica en la zona de Villaviciosa (Asturias),* Colegio Universitario de León, 1982.

Sobre la excepcional obra del "Libro de los Testamentos" se ha ocupado en reiteradas ocasiones Joaquín Yarza (véase muy especialmente "El Obispo Pelayo de Oviedo y el *Libro de los Testamentorum*", en *Vescovi e commitenti,* Lucca, 1987). Para el significado histórico de esta obra es de un gran interés el libro de F. J. Fernández Conde *El Libro de los Testamentos de la catedral de Oviedo,* Roma, 1971.

Germán Ramallo Asensio se ha ocupado de unos restos conservados en Oviedo que se refieren a las primeras manifestaciones de la arquitectura del románico pleno ("El hipotético pórtico de San Pelayo de Oviedo", en *V Congrés Espanyol d'Historia de l'Art,* vol. I, págs. 249-253).

Cantabria

Desde finales del siglo XI la geografía cántabra correspondía prácticamente a la diócesis de Burgos. Precisamente será la adscripción definitiva a la sede burgalesa lo que condicione la renovación monástica de la región, con la implantación de las comunidades de monjes negros de San Benito, por lo general mediante la proyección de los principales monasterios burgaleses, leoneses y palentinos. Entre éstos nos es bien conocida la actuación del célebre cenobio cluniacense de Sahagún, incluso nos encontramos dominios de los monasterios riojanos de Santa María de Nájera y San Millán de la Cogolla.

El siglo XII se inicia con el suelo cántabro dividido en diferentes mandaciones o señoríos. Alcanzaron especial resonancia los nombres de los señores Lope Sánchez, Rodrigo Muñoz, el conde Osorio de Liébana, Rodrigo Gómez, etc. Durante el reinado de Alfonso VIII adquiere especial interés el desarrollo de los puertos para fortalecer la actividad comercial, y para ello se procede a una repoblación de la

Colegiata de Santillana del Mar. Detalle del cimborrio y crucero.

Colegiata de Santillana del Mar. Detalle del claustro.

Colegiata de Santillana del Mar. Detalle de la cabecera.

vieja Cantabria, favoreciendo el señorío de los monasterios y el poder de los municipios.

¿Cuándo se produjo la sustitución de la vieja arquitectura prerrománica por los modernos edificios del románico? Unos capiteles muy primitivos, similares a algunos de los de Leyre, colocados en la antigua iglesia de la Serna de Iguña, dedicada a santa María, san Pedro y san Juan, consagrada en 1067, podrían ser un bárbaro intento de renovación de la tradición aplicando fórmulas relacionadas con las experiencias primitivistas que también se dieron en Navarra. De otras iglesias que sabemos que fueron consagradas por Gomesano, obispo de Burgos, antes de concluir el siglo XI nada conocemos salvo los epígrafes: la iglesia de Pesquera, cerca de Reinosa, en 1085; la iglesia del Pueblo de San Mateo, valle de Buelna, cerca de Torrelavega, en 1093.

Con el cambio de siglo, al comienzo del XII, se producirán las primeras experiencias de un románico que adopta las estructuras arquitectónicas y la decoración escultórica propias del románico pleno. Las naturales vías de penetración hacia la meseta son las que facilitan el trasiego de las formas y de los artistas que las hacen posible; su comunicación más directa son las tierras palentinas y leonesas. En la gran colegiata de Santillana del Mar nos encontramos con una de estas primeras manifestaciones de este románico pleno. Las primeras fases de Santillana ya son asumidas por otras construcciones que las interpretan con cierta libertad, tal como vemos en San Martín de Elines. Esta manera de hacer se termina por convertir en un lenguaje formal estereotipado y rudo en manos de diferentes cuadrillas que, mediada la centuria, levanta multitud de edificios. En la iglesia de Cervatos podemos ver una muestra de este arte, que, en algunos aspectos, como en el gran tímpano tapizado de hojas y tallos, adquiere la frescura compositiva de los artistas populares cuando no tienen que someterse a un rígido modelo. Una serie importante de edificios se podrían incluir en esta tendencia popularizada: San Martín de Quevedo, San Juan de Raicedo, Silió y muchas iglesias de la cuenca del Besaya.

La renovación del tardorrománico se produce fundamentalmente en el campo de la escultura monumental, una vez más la inspiración

Colegiata de Santillana del Mar. Detalle del ábside meridional.

procede de tierras palentinas y burgalesas, focos como Carrión, Aguilar de Campoo y Moradillo de Sedano entre otros. Los relieves de la fachada occidental de Santillana o la decoración de las portadas de la iglesia de Piasca son un buen ejemplo. A veces los maestros cántabros, una vez asimiladas las novedades, marchan a tierras meridionales difundiendo por ellas su arte. En este sentido debemos entender la actividad de Juan de Piasca en la galería porticada de Rebolledo de la Torre (Burgos).

Como en tantos otros lugares, el románico tardó en desaparecer de la geografía cántabra; muy entrado el siglo XIII todavía se realizan edificios en un románico inercial en el que se introducen algunos motivos que son propios del gótico. De la ornamentación pictórica mural que decoraba los templos tan sólo nos han llegado unos mínimos restos en el interior del ábside de San Martín de Elines. Se trata de dos figuras masculinas portadoras de un libro en la mano derecha, muy maltratadas; seguramente formaban parte de un colegio apostólico que contornease el hemiciclo "absidal", bajo una representación de la

Doble página siguiente, colegiata de Santillana del Mar. Detalle de la fachada meridional.

Santa María de Piasca. Fachada meridional de la iglesia.

"Maiestas", siguiendo la más característica y tópica de las composiciones del fresco románico. Aunque su estado de conservación es muy deficiente, todo parece indicar que se trata de una obra de mediados del siglo XII.

Estudios sobre el románico cántabro

Edificios como la colegiata de Santillana, San Martín de Elines o la colegiata de Piasca han sido estudiados monográficamente en varias ocasiones. Siempre encontraremos referencias sobre ellos en todas las obras generales del románico español. Entre los estudios específicos recogidos en artículos de principios del siglo XX se podrían citar como títulos orientativos los siguientes: A. Fernández Casanova, "Monumentos románicos en el valle del Campoo de Enmedio", en *Boletín de la Sociedad Española de Excursiones,* 1905, págs. 189-201; del mismo autor, "La iglesia de Castañeda", en *Revista de Archivos, Bibliotecas y Museos,* 1914, págs. 396-399; Conde de Cedillo, "Una excursión a San Martín de Elines", *Boletín de la Sociedad Española de Excursiones,* 1925, págs. 1-18.

La primera y más completa visión de conjunto sobre el románico en Cantabria corresponde a Miguel Ángel García Guinea, *El románico en Santander,* 2 vols., Santander, 1979. Se recoge aquí más de un centenar de edificios que son estudiados con gran rigor, intentando ser exhaustivo en el empleo de las fuentes documentales y en el análisis de las formas, que suelen estar muy bien ilustradas.

San Pedro de Cervatos, relieve de la fachada meridional.

Castilla y León

Las tierras castellano-leonesas no reaccionaron inmediatamente a la muerte de Almanzor (1002); pronto iban a caer en las manos del poderoso rey navarro Sancho el Mayor que, poco antes de morir, dominaba los reinos hispanos desde los condados catalanes hasta el mismo León.

Conocemos cómo se debe a su influencia la introducción de ciertos religiosos catalanes que profesaban la regla de san Benito para ocupar algún puesto de importancia en el organigrama clerical. Lo más sorprendente es que se relaciona con este monarca la construcción de un edificio abovedado, que se suele considerar la primera manifestación de la arquitectura románica castellano-leonesa, la cripta de San Antolín de Palencia. El edificio resulta de análisis y catalogación bastante problemática, aunque sea o no, lo cierto es que no tuvo trascendencia conocida en la arquitectura de su época ni en la posterior, mientras que sí parece estar dentro de unas formas continuistas de la tradición hispana.

Un hijo de Sancho, Fernando I (1035-1065), conseguirá la unificación de Castilla y León y creará las bases políticas y económicas de un importante período de expansión. El florecimiento económico del

San Frutos de Duratón (Segovia). Aspecto oriental.

Catedral de Salamanca. Detalle del interior del cimborrio.

Murallas de Ávila.

reino y la magnanimidad de los monarcas atrajeron orfebres extranjeros para realizar importantes encargos. En varios trabajos de marfil y metal son obras relacionadas con el arte germánico de inmediatamente después del milenio. Suponen una ruptura con lo que conocemos de la plástica hispana, con la introducción de fórmulas iconográficas y técnicas nuevas. Estos orfebres debieron de crear escuela pronto y los artesanos locales empezaron a producir obras con adaptación al nuevo estilo. Sobre esta adaptación de los artistas locales a las nuevas corrientes figurativas creo que los miniaturistas que trabajan para Fernando y su esposa Sancha son un buen ejemplo.

Arqueta de San Juan Bautista de San Isidoro de León. Detalle.

En arquitectura, las principales construcciones siguen siendo según las formas más tradicionales. El templo que Domingo Manso amplía en San Sebastián de Silos o la iglesia de los Santos Juan y Pelayo de León patrocinada por los monarcas leoneses son buena prueba de la pervivencia de las soluciones arquitectónicas hispanas.

Durante el tercer cuarto del siglo XI siguió aumentando la presencia de monjes benedictinos catalanes, a veces con funciones de responsabilidad en la iglesia secular. En ese ambiente empezaría a sentirse cada vez más la influencia de los monjes de Cluny; Fernando I hará una importante donación a Cluny que sus hijos mantendrán. Posiblemente haya que atribuir a unas circunstancias propicias de este tipo, y a las cada vez más estrechas relaciones entre los nobles castellanos y los catalanes, las que permitieron la presencia de constructores que realizasen edificios semejantes a los que se levantaban en Cataluña. De las pocas obras de estas características que conocemos la más importante es la de Urueña.

Durante el último tercio del siglo XI y, muy especialmente, en el reinado de Alfonso VI, se dieron pasos definitivos para establecer la reforma litúrgica y la implantación de las órdenes monásticas que sustituyeron a las hispanas. Los principales colaboradores del monarca serán los cluniacenses, verdaderos impulsores de la renovación de aquellos monasterios o catedrales donde se establecen. Para estas nuevas obras se convocan talleres francos o se enseña a los maestros locales para que reproduzcan los modelos que se les muestra. Edificios como la iglesia de San Martín de Frómista –que desde 1066 está en proceso de construcción–, San Isidoro de León, San Pedro de Arlanza y Santo Domingo de Silos, entre otras –que ya no se conservan– están en obras en la década de los años ochenta y en ellos se producen algunas de las más importantes creaciones del inicio del estilo en el reino. En torno a 1100 nos encontraremos muchas obras que

Detalles de la arqueta de San Juan Bautista y San Pelayo de San Isidoro de León.

empiezan a reflejar ya algunos de sus logros. Con la conquista de Toledo en 1085, el hábitat de los territorios del Duero y más al sur empieza a tener una importante población que levanta templos que reproducen formas arquitectónicas y decorativas de estos grandes centros. Así, surgen realizados por maestros de segundo orden las iglesias de San Esteban de Gormaz, Sepúlveda, San Frutos de Duratón. Más importancia tendrán, ya durante los primeros años del siglo XII, los numerosas construcciones que se inicien en ciudades como Ávila y Segovia.

Del primer cuarto del siglo XII son los primeros frescos románicos que muestran las características formas bizantinas que impulsan la renovación de la pintura románica. Sus afinidades estilísticas con el maestro de Tahull han inducido a algunos especialistas a considerarlas obras de un mismo taller, cuando en realidad no se trata más que de un lenguaje muy convencional y homogéneo que hace que las obras sean de un acabado final semejante, aunque los autores sean diferentes. Entre las obras más significativas debemos señalar las de la iglesia segoviana de Maderuelo y las de San Baudelio de Berlanga. El artista que decoró el panteón regio de san Isidoro de León muestra un arte tan excepcional que resulta difícil su clasificación. La importancia de la ciudad como antigua capital regia debió de favorecer la existencia de buenos pintores de cuyas obras podemos saber algo a

San Isidoro de León. Detalle de la portada del Perdón.

IOhANNES
AQVILA
MATEVS OMO.
MARCVS
LEO
LVCAS
VITVLO

Alfonso VI impulsará de tal manera la economía del reino que pronto se olvidaron los problemas. La boda de Raimundo de Borgoña con la infanta Urraca, en la que los contrayentes recibieron como dote el gobierno de Galicia, propició el proceso de europeización iniciado por el monarca en todo su reino. El conde borgoñón, estrechamente relacionado por lazos familiares con Cluny, colaboró con su suegro en la difusión de los monasterios cluniacenses y en la renovación de la jerarquía del clero secular. Portela Silva ha señalado que Raimundo de Borgoña y su esposa, condes de Galicia desde 1092, "encabezaron una corriente de simpatía sentida por los nobles gallegos de fines del XI y comienzos del XII hacia los monasterios". Constituían un grupo de gentes que, con una expresión moderna, denominaríamos "afrancesados". Entre ellos figurarían dos prelados compostelanos, Dalmacio (1094-1095), antiguo monje cluniacense, y Gelmírez (¿1100?-1140). Aunque la prelatura del primero fue excesivamente breve, la del segundo supuso una prolongada y estrecha colaboración con Cluny. Si Gelmírez fue el gran europeísta, sus hombres –canónigos compostelanos formados en su entorno–, ocupando las restantes cátedras episcopales gallegas, se encargaron de difundir por todo el reino sus ideales de modernidad.

Si fue Diego Peláez el que decidió que la nueva catedral compostelana se erigiese siguiendo las formas del románico pleno, rompiendo con la tradición, será con Gelmírez cuando se construya la mayor parte de la obra. Bajo su impulso se procederá a una importante transformación de los edificios de la diócesis, y la catedral compostelana se convertirá en modelo a seguir por la mayor parte de las nuevas construcciones gallegas. Durante toda la primera mitad del siglo XII muchos templos de monasterios y parroquias imitarán en sus reducidas dimensiones las formas arquitectónicas y ornamentales que se pueden contemplar en Compostela.

Templos más grandes, de tres naves, tendrán problemas de interpretar en formato reducido la solución de los intercolumnios de Santiago: arcos entre pilares y un segundo piso correspondiente a los vanos de la tribuna. Al principio, como en la iglesia del Sar, se suprimió la tribuna y, siguiendo ejemplos ya utilizados en tierras leonesas, se construyeron las bóvedas directamente sobre el primer orden de arcos. El resultado fue un espacio, el de la nave central, algo rechoncho y falto de la armónica verticalidad que la superposición de órdenes le confiere a la catedral compostelana. Como vemos en la perspectiva de la iglesia pontevedresa de Acibeiro, un maestro gallego adecuó a un proyecto más modesto la solución de los dos órdenes compostelanos, dispuso los arcos que debían corresponder a una tribuna, pero no el suelo que permitiese su uso (ésta, salvo en las grandes catedrales románicas, no tenía mucho sentido). En la catedral de Tuy se pretendió seguir más de cerca la fórmula santiaguesa y se proyectó la tribuna que sólo quedó edificada en parte al concluirse el gótico.

La introducción de las formas del románico pleno en Galicia fue canalizada prácticamente en su totalidad por la catedral de Santiago; sin embargo hubo otras vías de penetración, aunque mucho menos trascendentes. En San Martín de Mondoñedo veremos cómo el románico pleno es interpretado por unos escultores conocedores de repertorios iconográficos ultrapirenaicos, aunque posiblemente aprendido de forma indirecta, con estrechos contactos con la iglesia asturiana de San Pedro de Teverga, y con una sustancial carga de motivos ornamentales muy conservadores. Es un arte que se relaciona con otro edificio, San Bartolomé de Rebordanes, importante para su medio geográfico, la Galicia meridional.

De las artes mobiliares muy poco es lo que conservamos, aunque debió de ser de una gran categoría. Por el “Calixtino” conocemos la existencia de un riquísimo mobiliario en Santiago. Diferentes vicisitudes han dado al traste con este tipo de creaciones y, en la actualidad, son muy limitadas las obras de este tipo que han llegado hasta nosotros. Las creaciones en metal están en clara relación, posiblemente de continuidad, con la producción que se ha creado en León en la corte de Fernando I y su hijo Alfonso VI. El “Crucifijo de Ordoño II” –capillas de las reliquias de Santiago–, de apenas veintidós centímetros de altura, realizado en lámina de oro, no es una obra de calidad plástica aunque su valor material la convierta en un objeto de lujo. El “ara portátil”, que, procedente del monasterio de Celanova, se conserva en la catedral de Orense, se puede fijar cronólogicamente al ser una ofrenda del abad Pedro (1090-1118). Las figuras de la “Maiestas” entre los símbolos de los evangelistas sobre plata dorada y nielada, se corresponden exactamente con la escultura monumental coetánea.

Catedral de Lugo. Detalle de la puerta septentrional.

De la pintura gallega muy poco es lo que conocemos. Restos insignificantes, pero de una iconografía interesantísima, son los que se conservan en San Pedro de Rocas. En Mondoñedo hay indicios perdidos de la decoración mural original. En la catedral de Santiago existió un escritorio donde se debieron de componer obras de gran calidad. Son pocas las ilustraciones que nos han llegado, pero lo suficientemente explícitas para poder hacernos una idea de su estimable calidad. La obra de los “Tumbos A y B” fue realizada durante un período de tiempo superior al del románico mismo, lo que demuestra que en este taller hubo siempre pintores de calidad. Sus miniaturas pueden ser una cita de referencia para hacernos una idea de lo que pudo ser la pintura mural de la Galicia románica.

La transformación del léxico constructivo y ornamental con adaptación de las fórmulas del tardorrománico volverá a estar con una cierta preponderancia en la catedral de Santiago; sin embargo, no será tan mayoritaria como durante la primera mitad. La obra que Mateo dirige en la catedral desde 1168, o poco antes, será el paradigma plástico que impregne la creatividad gallega de todo ese siglo y el siguiente. La cabecera de la iglesia de San Lorenzo de Carboeiro es una obra maestra de la ingeniería románica, que sólo tiene parangón

Tumbos de Compostela (catedral de Santiago).

con la que Mateo proyecta para salvar el desnivel del terreno que le permita edificar la fachada occidental de la catedral compostelana. Coetánea a la actividad de Mateo es la de un importante taller que construye la catedral de Orense.

Si el románico pleno tuvo en los cluniacenses uno de sus principales impulsores, serán los cistercienses lo que creen algunas de las más importantes y monumentales fábricas de la segunda mitad del siglo XII y parte del XIII. La reforma monástica cisterciense alcanzó las tierras gallegas el año 1142, cuando Fernán Pérez de Traba donaba al abad Pedro y sus compañeros el edificio y las propiedades del antiguo monasterio de Sobrado, abandonado hacía aproximadamente un centenar de años, para que las ocuparan y vivieran allí "según la costumbre de los cistercienses". Poco después las fundaciones de los monjes blancos del Císter se suceden: Sobrado (1142), Meira (1151-1154), Melón y Montederramo (h. 1165), Armenteira (después de 1161), Ferreira de Pantón (1175), Oseira (1184-1191), Oya (1185), Xunqueira (¿antes de 1200?).

Como en el resto de la Península, estos edificios eran de grandes dimensiones, pero no introdujeron grandes progresos meramente arquitectónicos. Aunque en la geografía gallega, seguramente fueron sus iglesias las primeras que introdujeron los arcos apuntados que tanto contribuyeron a aligerar las cargas de los muros. Estas grandes iglesias a veces eran construidas por canteros locales y respondían al léxico ornamental de su inmediato entorno, pero en otras ocasiones contribuyeron a difundir formas, en principio exóticas, pero que al final terminaban por popularizarse por toda la región.

Hacia 1200 empezaron las importaciones de los artesanales esmaltes de Limoges. La catedral de Orense conserva un importante número de piezas, cincuenta y tres, parte de las que constituían una arqueta relicario encargado por la sede auriense para contener las reliquias de san Martín. Seguramente se trataría de un encargo del obispo Alfonso (1174-1233) que aparece aquí representado como oferente de la

Esmaltes de la arqueta de San Martín (catedral de Orense).

Catedral de Santiago de Compostela. Detalle de la fachada de Platerías.

Catedral de Santiago de Compostela. Relieve de la fachada de Platerías.

obra. Sin lugar a dudas es una de las mejores producciones limusinas existentes en la Península.

La imaginería gallega tiene una buena serie de vírgenes y crucificados, ninguno anterior a fines del siglo XII. Generalmente son obras de plástica popular e iconografía absolutamente inercial. El Cristo crucificado de Vilanova de los Infantes, el llamado románico de la catedral de Orense y el de San Salvador de los Penedos podrían constituir una secuencia cronológica desde finales del siglo XII hasta avanzado el XIII.

Los estudios sobre el románico gallego

La catedral de Santiago es no sólo el edificio decisivo para comprender la historia del románico en Galicia, sino uno de los edificios más significativos del estilo a nivel europeo. El estudio de A. López Ferreiro sobre la catedral es un clásico de consulta ineludible para cualquier tipo de aproximación histórica *(Historia de la S. A. M. Iglesia de Santiago de Compostela,* 12 vols., Santiago, 1898-1911). Partiendo de esta información se han ocupado con cierto detenimiento los principales teóricos del románico hispano, como Porter, Gómez Moreno y Gaillard, entre otros muchos. Un primer estudio monográfico de interpretación arquitectónica, con la publicación de una buena documentación gráfica, correspondió al americano K. J. Conant, *The early Architectural History of the Cathedral of Santiago de Compostela,* Cambridge, 1926 (existe una reedición moderna con

Santa Marina de Osera (Orense). Aspecto de la cabecera.

Santa Marina de Aguas Santas (Orense). Aspecto de la cabecera.

notas de Serafín Moralejo, editada por el colegio de Arquitectos de Santiago, en 1983). La planimetría de Conant sigue siendo utilizada por cuantos se dedican al estudio de la catedral.

La mayor parte de los trabajos dedicados a Compostela lo hacen desde el punto de vista de la escultura, intentando señalar una posible secuencia cronoestilística de las obras ubicadas en su lugar original o de las situadas en cualquiera de las dependencias. En la década de 1950 se publicaron varios trabajos de J. M. Pita Andrade: "Un capítulo para el estudio de la formación artística del maestro Mateo. La huella de St.-Denis", en *Cuadernos de Estudios Gallegos,* 1952, págs. 272-283; "En torno al arte del maestro Mateo: el Cristo de la Transfiguración en la Portada de Platerías", en *Archivo Español de Arte,* 1950, págs. 13-25.

J. Filgueira Valverde, "Datos y conjeturas para la biografía del maestro Mateo", en *Cuadernos de Estudios Gallegos,* 1948, págs. 49-69. Sobre las primera fase de la catedral se ocupó O. Naesgaard, *Saint-Jacques de Compostelle et le débuts de la grande sculpture vers 1100,* Aarhus, 1962. La tesis doctoral de J. Caamaño se ocupó sobre diversos aspectos de la actuación de Mateo, *Contribución al estudio del gótico en Galicia,* Valladolid, 1962. Años después se publicó una obra colectiva que se ocupa de diversos aspectos estilísticos e iconográficos de la catedral: *La catedral de Santiago de Compostela,* Santiago, 1978. Desde 1969 se suceden una serie de artículos de Serafín Moralejo: "La primitiva fachada Norte de la catedral de Santiago", en *Compostellanum,* 1969, págs. 623-668; "Esculturas compostelanas del último tercio del siglo XII", en *Cuadernos de Estudios Gallegos,* 1973,

págs. 294-310; *"Ars Sacra et sculture romane monumentale: Le trésor et le chantier de Compostelle"*, en *Cahiers de Saint-Michel de Cuxa*, 1980, págs. 189-238. J. Williams, *"Spain or Toulouse? A half Century later: Observations on the Chronology of Santiago de Compostela"*, en *Actas del XXIII Congreso Internacional de Historia del Arte*, Granada, I, 1976, págs. 557-567. En los últimos años se está dedicando una especial atención a la obra del maestro Mateo. J. Yarza, *El pórtico de la Gloria*, Madrid, 1984. R. Otero Túñez y R. Izquierdo Perrin, *El coro del maestro Mateo*, La Coruña, 1990.

El interés por dar a conocer los múltiples edificios del románico gallego fue algo que se desarrolló muy pronto entre los intelectuales gallegos. Entre éstos merecen una mención especial Castillo, Vázquez Núñez, Vázquez Saco, Valcarce, Ramón Fernández Oxea, Bouza Brey, Chamoso Lamas que en diferentes publicaciones dieron a conocer varios centenares de edificios y epígrafes. Las principales revistas que publicaron estos trabajos son *Galicia Diplomática, Cuadernos Gallegos, Compostellanum, Abrente, Boletín de la Comisión Provincial de Monumentos de Lugo, Boletín Auriense*, etc. Unas aproximaciones interesantes a los hombres y a la época del románico pueden verse en los siguientes trabajos: F. J. Sánchez Cantón, "La vida en Galicia en los tiempos del arte románico", en *Cuadernos de Estudios Gallegos*, 1962; J. Filgueira Valverde, "Gelmírez constructor", en *Historias de Compostela*, Santiago, 1970, págs. 23-59. La tesis doctoral de J. M. Pita Andrade, *La construcción de la catedral de Orense*, Santiago de Compostela, 1954, da a conocer la importancia de este edificio en la historia del tardorrománico.

Varios artículos de este mismo autor han contribuido a poder marcar una serie de características definitorias de la popularización del estilo por todas las comarcas gallegas ("Visión actual del Románico de Galicia", en *Cuadernos de Estudios Gallegos*, 1962, págs. 137-153; "Notas sobre el románico popular de Galicia", en *Cuadernos de Estudios Gallegos*, 1969, págs. 56-83; "Observaciones sobre la decoración vegetal en el románico de Galicia", en *Abrente*, 1969, págs. 85-108). Del tardorrománico y la inercia del estilo durante las primeras manifestaciones del gótico puede resultar de gran interés el libro de Caamaño que citamos anteriormente. Período que coincide con las edificaciones de los cistercienses cuyo primer estudio de conjunto corresponde a L. Torres Balbás, *Monasterios cistercienses de Galicia*, Santiago, 1954. Un catálogo extenso y preciso será realizado por J. C. Valle Pérez, *La arquitectura cisterciense en Galicia*, 2 vols., La Coruña, 1982.

Una editorial benedictina francesa será la primera en publicar un estudio general extenso y monográfico sobre el románico gallego (A. Castillo había publicado en una historia general de la arquitectura gallega en la geografía de Carreras Candi); sus autores fueron M. Chamoso y otros, *Galice romane*, La Pierre-qui-vire, 1973 (desde 1979 existe traducción castellana). J. M. García Iglesias, "El románico" en *Historia del Arte Gallego*, Madrid, 1982. I. G. Bango Torviso, *Galicia Románica*, 2ª edic., Vigo, 1991.

Desde 1979 la Fundación Barrié de la Maza ha iniciado la catalogación del románico gallego con la publicación de dos estudios.

San Lorenzo de Carboeiro (Pontevedra). Aspecto de la girola.

I. G. Bango Torviso, *Arquitectura románica en Pontevedra,* La Coruña, 1979. R. Izquierdo Perrin, *La arquitectura románica de Lugo,* La Coruña, 1983. Por su información planimétrica tiene gran interés el libro del Departamento de Historia de la Arquitectura de la ETSA de La Coruña, *Arquitectura románica de La Coruña. Faro. Mariñas-Eume,* La Coruña, 1983.

Para todos los temas de la miniatura véase el completo estudio de A. Sicart, *La miniatura,* Madrid, 1979. Sobre la producción del escritorio compostelano es de gran interés la obra de M. C. Díaz y Díaz, F. López Alsina y S. Moralejo Álvarez, *Los Tumbos de Compostela,* Madrid, 1985. De murales románicos gallegos muy pocos son los indicios conservados, hace pocos años causó gran sensación el hallazgo de la decoración de San Pedro de Rocas, publicada por J. M. García Iglesias, "El mapa de los Beatos en la pintura mural románica de San Pedro de Rocas (Orense)", en *Archivos Leoneses,* 1981, págs. 73 y siguientes.

Tenante de altar (catedral de Orense).

Navarra

Los oscuros orígenes del reino navarro fueron superados con Sancho III el Mayor (1000-1035) que, trás la muerte de Almanzor en 1002, empezó una política de expansión que terminó por convertirle en rey de los reyes hispanos (REX HISPANORUM REGUM).

Su actividad política le lleva a ampliar sus contactos con todos sus vecinos, mostrándose un fervoroso europeísta. Conocemos muy bien sus relaciones con Toulouse, sus contactos con Roberto el Piadoso. Su especial predilección por Cluny le llevó a favorecer que los monjes navarros conociesen los usos de la abadía borgoñona. A su muerte, sus dominios se extendían desde los límites con los condados catalanes hasta los del mismo reino leonés.

Pese al afán europeísta de este monarca no se aprecia en las tierras navarras una verdadera ruptura con las tradiciones locales de carácter prerrománico. Sí, es cierto, que al anexionarse Ribagorza se encuentra que allí se está construyendo con las técnicas del primer románico, técnicas que bajo su reinado vemos trasladarse hacia el occidente de sus estados, hasta llegar al castillo de Loarre, donde hay una obra como la torre de la Reina. El gran monasterio de su reino es San Salvador de Leyre y la arqueología nos ha demostrado que la iglesia era todavía de una tipología muy conservadora, sigue teniendo todavía una planimetría que corresponde a la España prerrománica. Durante el reinado de García (1034-1054) debió de comenzarse la obra de una nueva iglesia en Leyre, que se consagraría tres años depués de su muerte ante la presencia de su hijo Sancho. Además de las características de su arquitectura que denota la ruptura con lo prerrománico se introduce un tipo de escultura monumental que, aunque torpe y desmañada, presenta una indudable forma de románico. Por estas características algunos especialistas han querido ver en ellas una creación experimental del estilo, pero todo parece indicar que se trata de una mano de obra poco experimentada, no ya en lo que podrían ser un arte nuevo que estuviesen ensayando, sino en la simple labor de talla y cálculo de los abovedamientos. Un cuarto de siglo después todavía seguimos detectando esta forma de hacer en obras como la decoración de la cabecera de Santa María de Ujué. Los autores de esta obra conocen ya formas decorativas del románico pleno jacetano, como se aprecia claramente en los motivos de algunos ábacos.

San Salvador de Leyre. Cabecera de la iglesia.

San Miguel de Estella. Tímpano.

San Martín de Artaiz. Fachada meridional.

A la muerte de Sancho Garcés IV (1076), Navarra se une a Aragón bajo la corona de Sancho Ramírez hasta el fin del reinado de Alfonso el Batallador (1134). Es una etapa en la que se produce el afianzamiento definitivo del románico pleno, con la continuidad de las obras de Leyre y con el comienzo de una catedral en Pamplona en los últimos años de la undécima centuria. Por desgracia no han llegado a nosotros en su estado original, pero por los restos escultóricos vemos que son las formas del tipo de la catedral compostelana o de León durante los primeros años del siglo XII. Del claustro de Pamplona la serie de capiteles corresponde a un maestro excepcional que se ha familiarizado con las experiencias de escultores tolosanos.

Aunque tardarán en verse los efectos de las grandes fábricas de los cistercienses, en el entorno de mediados de siglo se realizan varios asentamientos en territorio navarro o en su proximidad inmediata: san Raimundo transfiere a Fitero la comunidad cisterciense de Niencebas, en 1152; doce años después se comenzaban las obras de la iglesia de La Oliva; Pedro, obispo de Pamplona, da a su hermano fray Nicolás, monje de Curia Dei, la iglesia de Iranzu para que construya allí un monasterio cisterciense sometido a la jurisdicción del mismo obispo de Pamplona (1176). La cabecera de Fitero será de la forma de girola con absidiolas tangentes, mientras que en La Oliva se dispone una cabecera de cinco ábsides abiertos a una gran nave de

San Salvador de Leyre. Aspecto de la cripta.

transepto. En general son obras conservadoras, de gran tamaño, que se construirán a partir de finales de la centuria.

Los grandes centros de población adquirirán un gran poder económico durante el tardorrománico, lo que les permitirá una gran actividad constructora. Sangüesa, Tudela y Estella emprenden no sólo una sino varias obras a la vez, en las que trabajaron diferentes talleres de experiencias modernas y muy dispares. Las primeras del protogótico francés llegan de la mano del maestro Leodegarius, que nos ha dejado en las estatuas columnas de Sangüesa una muestra de su obra y la de su taller. En el mismo edificio continuó

Santa María la Real de Sangüesa. Detalle del tímpano.

trabajando un nuevo equipo que presenta una de las constantes del románico navarro, la estrecha relación con Aragón, las formas expresivas que Gudiol ha identificado con el maestro de San Juan de la Peña se aprecian en el apostolado que se dispone en lo alto de la fachada.

De la importante villa de Estella, sede real, hito importante en el camino de Santiago, conservamos varios edificio románicos. La iglesia de San Pedro de la Rúa figuraba en un documento de 1147 en el que se negociaba un acuerdo sobre ella entre el abad de San Juan de la Peña y el obispo de Pamplona. Mínimos son los restos que se conservan de esta época, y lo existente corresponde de la segunda mitad del siglo XII en adelante. En la fachada septentrional se abre al camino un bonita puerta de arco apuntado con profundo abocinamiento de unas delgadas arquivoltas, decoradas con menuda decoración como de orfebre; carece de tímpano, pero su arco polilobulado le da una cierta gracia. La solución se ha repetido en varios templos navarros como en Cirauqui y Puente la Reina. También perduran dos pandas del claustro.

Será en Tudela donde nos encontraremos con uno de los principales centros artísticos de la Navarra de fines del siglo XII y principios del XIII. La ciudad había sido conquistada en 1119, y se empezó entonces una adecuación de la mezquita para su uso como templo cristiano; ya en 1184 tenemos noticias de que se estaba trabajando

Capitel de la catedral de Pamplona.

en la construcción de un claustro de una riqueza iconográfica extraordinaria, donde se representa sobre capiteles de una correcta composición un cilo neotestamentario con escenas de las vidas de Santiago, san Martín y san Pablo. Una nueva iglesia se empezará a construir a fines de la centuria, cuya cabecera se consagró en 1204; adopta la planta de gran nave de crucero y ábsides alineados en su lado oriental, y la lenta marcha de las obras obligará a concluirla con estructuras góticas. En las iglesias tudelanas de San Nicolás y la Magdalena se compusieron portadas ricamente decoradas, con unas esculturas de calidad.

La pintura mural conservada es muy tardía y la miniada no es de gran calidad, aunque con cierto interés iconográfico, como los dibujos bíblicos hechos para Sancho el Fuerte (Amiens). El llamado "Beato

navarro" pudo pertenecer a la catedral de Pamplona, lo que se interpreta como ubicación de un posible escritorio.

De la orfebrería románica, el retablo de San Miguel de Aralar, tal vez procedente de la catedral de Pamplona, muestra cierta dependencia del esmalte silense, aunque haya algunos rasgos de indudable origen lemosino. Iconográficamente llama la atención la representación de una Virgen María con el Niño con los símbolos de los evangelistas en su entorno.

Historiografía del románico navarro

Uno de los primeros libros sobre un aspecto del románico navarro corresponde a un estudio de los esmaltes de Aralar: S. Huici y V. Juaristi, *El Santuario de San Miguel de Excelsis (Navarra) y su retablo esmaltado,* Madrid, 1929. La primera síntesis general corresponde

San Miguel de Aralar. Retablo.

a T. Biurrun Sotil, *El arte románico en Navarra,* Pamplona, 1936. L. M. de Lojendio redactó para la colección "Zodiaque", *Navarre Romane,* en La Pierre-qui-vire, 1967 (existe traducción castellana), con un prólogo del hispanista Georges Gaillard. Otra visión de conjunto, de uso difícil y complejo, pero con abundante material gráfico, es la de F. Íñiguez y E. Uranga, *Arte Navarro,* tomos I-III, Pamplona, 1971-1972. Bajo la dirección de Concepción García Gaínza está en curso de publicación un completo catálogo monumental publicado por la Institución Príncipe de Viana. Las más recientes aportaciones al estudio concreto de obras del románico navarro corresponden a María Luisa Melero Moneo, autora de una tesis doctoral sobre la colegiata de Tudela, y Javier Martínez de Aguirre. El mayor número de monografías sobre aspectos concretos del románico navarro pueden verse en la publicación periódica *Príncipe de Viana.*

País Vasco

Santa María de Armentia (Álava). Detalle del crucero.

El románico vasco carece de soluciones arquitectónicas importantes y en su escultura monumental no encontramos artistas dotados de gran calidad; sin embargo, son obras que muestran la experiencia de una mano de obra "practicona", de sólida estructura arquitectónica, pero en líneas generales de escultura de factura adocenada. La cronología de estas obras es muy tardía, y en muchas de ellas de formas estereotipadas propias de un arte que se ha convertido en algo fosilizado e inercial.

Se ha afirmado que en las provincias vascas no existe un número importante de edificios románicos. Esta afirmación no es cierta: son muchísimos los que todavía perviven, y sólo en Álava pasan de dos centenares. En Vizcaya podemos ver muchos edificios de estructura sencilla, simples ábsides cuadrados con bóveda de cañón y nave única cubierta de madera, decorados con una grosera escultura de motivos elementales que parecen más antiguos que en lo que en realidad son. De esta manera debemos interpretar el arte de San Pedro de Abrisketa, en Arrigorriaga, del que tanto se ha especulado sobre su primitivismo para catalogarla como una obra muy antigua dentro del estilo, cuando en realidad no es más que una obra popular de un arte arcaizante, pero no de cronología temprana. En otras ocasiones la tipología planimétrica se mantiene, pero se recurre a temas decorativos de

Nuestra Señora de Estíbaliz (Álava). Aspecto de la cabecera.

Santa María de Armentia (Álava). Relieve del pórtico.

la cercana Álava, como los conocidos fustes con labor de cestería, tal como podemos ver en la bonita ventana de San Miguel de Zuméchaga. En muy pocas ocasiones se tienen grandes pretensiones compositivas para trasmitir escenas. Los capiteles de San Salvador de Frúniz, representando, en uno, a un obispo entre acólitos y, en otro, dos caballeros separados por un diácono, no dejan de ser un producto grosero y falto de recursos.

Lo mismo podríamos decir del rudísimo tímpano de Santurce, en el que se esculpe un Pantócrator rodeado de los símbolos de los evangelistas. Los capiteles de Munguía son lo más selecto del románico vizcaíno; sin embargo, es obra extraña en el contexto general, y se

Nuestra Señora de Estíbaliz (Álava). Fachada meridional.

diría que es obra de un maestro foráneo que no creó escuela. Tanto el tímpano de Santurce como los capiteles de Munguía se conservan en el Museo Histórico de Vizcaya.

Las numerosas obras del románico alavés presentan una gran semejanza con la producción de su inmediato entorno geográfico, aunque se aprecia un cierto cantonalismo periférico. Basta contemplar las obras de Estíbaliz y Armentia, reconocidas por todos los especialistas como las dos muestras de mayor calidad del románico vasco, para darnos cuenta de que el estilo alcanzó una gran popularidad, incluso una larga pervivencia inercial, pero siempre dentro de unos niveles muy secundarios.

Santa María de Estíbaliz (Álava). Detalle de la fachada meridional.

Los estudios sobre el románico vasco

La primera obra de síntesis del románico vizcaíno es obra de J. A. Gaya Nuño, "El románico en la provincia de Vizcaya" en *Archivo Español de Arte,* 1944, págs. 24-48. Se describen en esta monografía dieciséis edificios de modestas estructuras, con características muy populares en los que no faltan, pese a su tipología románica, un léxico ornamental ya gótico. Años después se hicieron algunas precisiones a este trabajo por parte de A. de Apraiz, "Acerca del tímpano románico de Santurce", en *Homenaje a don Julio de Urquijo,* San Sebastián, 1949, págs. 139-152. Quince edificios y algunos restos fueron recogidos en el estudio de J. A. Barrio Loza, *La arquitectura románica vizcaína,* Bilbao, 1979. Para conocer el románico alavés lo mejor es acudir al importante catálogo que desde 1967 se publica sobre la diócesis de Vitoria. De los conocidos conjuntos de Armentia y Estíbaliz abundan los estudios monográficos: R. Pinedo, *El santuario de Santa María de Estíbaliz,* Madrid, 1940; J. M. Azcárate, *El Santuario de Santa María de Estíbaliz,* Vitoria, 1984; J. M. González de Zárate y otros, *Mensaje Cristológico en la basílica de Nuestra Señora de Estíbaliz,* Vitoria, 1989.

Nuestra Señora de la Asunción de Lasarte (Álava). Ventana.

INCENDUNT

La Rioja

La actividad bélica de los monarcas Ordoño II de León y Sancho Garcés de Pamplona favoreció en el siglo X la toma de los diferentes valles que constituyen el solar riojano. Después de un largo lapso de tiempo bajo la hegemonía de la monarquía navarra, en 1076, con Alfonso VI, rey de Castilla y León, fue anexionado a su reino. Coincide la anexión con el empeño del monarca por el proceso de renovación de sus estados, principalmente con la importante reforma de la liturgia y la sustitución de las viejas reglas hispanas por las comunidades de monjes negros de Cluny. Un documento del 3 de septiembre de 1079 nos informa de como Alfonso VI, "emperador de toda España por la gracia de Dios", hace entrega de Santa María de Nájera al abad Hugo de Cluny.

Arca de San Millán (monasterio de San Millán de la Cogolla). Detalle.

Durante el siglo XI la campaña constructora llevada a cabo por los repobladores de la centuria anterior todavía permitía que los edificios más monumentales pudiesen seguir siendo utilizados. El gran conjunto monástico de la zona era San Millán, que, hacia 1050, acababa de construir uno nuevo algo más abajo, la iglesia de Santa María de Nájera fue consagrada en 1056; ambas obras seguirían siendo acordes con la arquitectura más tradicional. La renovación artística se acusa, como en el reino leonés, primero en las artes figurativas. Centros de acrisolada tradición plástica concitan la presencia de artesanos extranjeros que, a la vez que fabrican los objetos que se les encarga, enseñan su arte. Ya, para la citada consagración de Nájera, sabemos que García el Benigno y Estefanía hicieron donación de un retablo áureo, con imaginería de relieve, esmaltes, pedrería y aljófar, elaborado por un maestro denominado "Almanius" que Gómez Moreno considera germánico. A este mismo origen hay que atribuir el maestro que, hacia 1070, labra los relieves eborarios del arca de San Millán. Si esta obra muestra todavía una caracterización plástica relacionada

Arca actual de San Millán (monasterio de San Millán de la Cogolla).

San Esteban de Viguera.

Ermita de Santa María de la Piscina.
Fachada meridional.

con la tradición de los trabajos en marfil hispano –en este monasterio existía un importante obrador eborario durante la centuria anterior– y con formas otonianas, los artesanos que, en el mismo ámbito emilianense, realizan una nueva arca de marfil para contener las reliquias de san Felices, poco antes de que acabe la centuria, muestran ya una manera de hacer similar a la escultura monumental de las primeras construcciones del románico pleno. La escena de la *Entrada en Jerusalén* nos ilustra sobre esta renovación del arte eborario a partir del inmediato precedente. Durante la primera mitad del siglo XII, se procederá a sustituir los viejos edificios hispanos por modernas fábricas románicas. A veces la modestia del proyecto se limita a mínimas

Arca de San Felices (monasterio de San Millán de la Cogolla).

obras de transformación, como en San Esteban de Viguera, que mantuvo su nave y simplemente se le añadió un ábside semicircular.

Una decoración al fresco, no ajena a la importante tradición de pintores miniaturistas que existió en la zona, unificó la disparidad de obra en su interior. Unas esquemáticas figuras sobre fondo rojo son parte de los escasos restos conservados. En la ermita de Nuestra Señora de la Piscina tenemos las formas de un sencillo edificio que en sus cornisas y en los capiteles aparece perfectamente definido el arte del románico pleno. A lo largo de toda la centuria se seguirán construyendo por toda La Rioja modestas edificaciones de una sola nave de ábside semicircular o, más numerosos y populares, de testeros rectos siguiendo la inercia de los tipos de la tradición prerrománica.

Procedente del famoso monasterio de Albelda se conserva en la parroquia de San Pedro un mutilado fragmento de relieve que representaba, bajo una almenada arcada, una imagen de san Pedro que nos permite conocer la calidad del románico en este desaparecido monumento. De tímpanos esculpidos de la segunda mitad del siglo XII se guarda una bonita Virgen con el Niño en la parroquial de Alcanadre y un Cristo mutilado en Alesón. El tímpano de Santa María la Antigua de Bañares, con sus desgastadísimas figuras que representan la epifanía a los Magos, es obra muy tardía, dentro ya del siglo XIII.

La catedral calceatense, proyectada por el maestro Garsión según un modelo reducido inspirado en la compostelana, al construirse

lentamente verá como la escultura monumental se adapta a la moda de varios talleres de escultores itinerantes del tardorrománico.

Desde poco antes de mediados de siglo, los cistercienses se establecen en Yerga, y en 1152 pasaron definitivamente a Fitero, donde emprenderán la construcción de una importante iglesia con girola y tres naves. Se trata del tipo de iglesia cisterciense con deambulatorio, lleno de problemas constructivos y funcionales, que vimos en la introducción en relación con Moreruela y Poblet, entre otras. También se proyectó un gran templo en Santa María de Cañas, fundación de monjas cistercienses emprendida por Lope Díaz de Haro y su esposa doña Aldonza, primero en Fayuela (1169), y trasladado a Cañas el año siguiente. No se llegó a edificar la iglesia en románico;

salvo el muro meridional, todo lo demás es francamente gótico. La arquitectura románica riojana no puede ser valorada en sus justos términos, pues ha tenido la desgracia de perder en las modernizaciones estilísticas las obras llevadas a cabo durante este período en centros tan importantes como Nájera, Calahorra, Albelda –ya hemos indicado la calidad que presenta la pieza que representa a san Pedro– o San Millán.

Los estudios sobre el románico riojano

Sin duda, las obras que más han llamado la atención de los especialistas son los marfiles emilianenses; para su conocimiento deben ser consultados los trabajos que sobre el marfil o el arte suntuario hispanos hemos reseñado en su apartado bibliográfico: Goldschmidt (1918), Ferrandis (1928), Porter (Escultura), Moralejo (1982), Bousquet (1982), Estella, etc. Será E. Camps Cazorla quien le dedique un primer estudio monográfico (*Los marfiles de San Millán de la Cogolla,* Madrid, 1931). La obra de Joaquín Peña, *Los marfiles de San Millán de la Cogolla,* Logroño, 1978, permite una visión de las piezas siguiendo los textos literarios que ilustran o inspiran. La primera visión de conjunto del románico riojano corresponde a Gaya Nuño: "El románico en la provincia de Logroño", en *Boletín de la Sociedad Española de Excursiones,* 1942, págs. 81-97 y 235-258. Estudia como precedente la iglesia visigoda de Albelda de Iregua y recoge en su catálogo veintisiete monografías de edificios. F. Íñiguez Almech se ocupó de interpretar la curiosa arquitectura de san Esteban de Viguera en un célebre trabajo suyo titulado "Algunos problemas de las viejas iglesias españolas", en *Cuadernos de Trabajos de la Escuela Española de Historia y Arqueología en Roma,* 1955, págs. 7-182.

Catedral de Santo Domingo de la Calzada. Aspecto exterior de la girola.

Una de las formas más usuales y difundidas por la arquitectura románica riojana corresponde a los ábsides de forma cuadrangular, propios de un arte conservador y de fácil factura. Han sido estudiados por Gabriel Moya Valgañón ("Iglesias románicas con cabecera cuadrangular en la Rioja Alta", en *Miscelánea ofrecida al Ilmo Sr. D. José Lacarra y de Miguel,* Zaragoza, 1968, págs. 387-403). Una obra de conjunto sobre la escultura monumental fue abordada por María Jesús Álvarez Coca (*La escultura románica en piedra en la Rioja Alta,* Logroño, 1978). Sobre las formas del hierro forjado de remoto origen románico se ha ocupado María de los Ángeles Heras y Núñez ("La forja del hierro en el románico riojano", en *Berceo,* 1983, págs. 73-82). A esta misma autora debemos una amplia visión de la arquitectura riojana desde la época del prerrománico hasta las formas inerciales del último románico (*Estructuras arquitectónicas riojanas. Siglos* X *al* XIII, Logroño, 1986). La Consejería de Educación de la Comunidad de La Rioja publicó en 1984 un interesante repertorio de 150 fotografías sobre *El románico en La Rioja.*